本书获得国家自然科学基金面上项目"信息不对称下智慧供应链决策优化研究"（项目编号：72271107）资助

U0604027

广东财经大学学术文库

Internal Innovator's Technology
Licensing Decisions:
A Process Innovation Perspective

内部创新者
技术许可决策研究
——工艺创新视角

张怀阁　洪宪培◎著

经济管理出版社
ECONOMY & MANAGEMENT PUBLISHING HOUSE

图书在版编目（CIP）数据

内部创新者技术许可决策研究 ：工艺创新视角 ／ 张怀阁，洪宪培著. -- 北京：经济管理出版社，2025.

ISBN 978-7-5243-0220-9

Ⅰ. F273.1

中国国家版本馆 CIP 数据核字第 2025PK1259 号

组稿编辑：郭丽娟
责任编辑：范美琴
责任印制：许　艳
责任校对：王淑卿

出版发行：经济管理出版社
　　　　　（北京市海淀区北蜂窝 8 号中雅大厦 A 座 11 层　100038）
网　　址：www. E-mp. com. cn
电　　话：（010）51915602
印　　刷：唐山玺诚印务有限公司
经　　销：新华书店
开　　本：720mm×1000mm/16
印　　张：11. 75
字　　数：231 千字
版　　次：2025 年 6 月第 1 版　　2025 年 6 月第 1 次印刷
书　　号：ISBN 978-7-5243-0220-9
定　　价：88. 00 元

目　录

第一章 绪论

第一节 研究背景

2022年10月16日，习近平总书记在中国共产党第二十次全国代表大会上提出"加快实施创新驱动发展战略，强化企业科技创新主体地位，加强企业主导的产学研深度融合，强化目标导向，提高科技成果转化和产业化水平"。党的二十大报告表明，技术创新和技术转化是推动企业持续创新和增长的关键因素，企业应当注重科技创新和技术转化，加强研发投入，提高科技创新能力，推动科技成果的转化和应用，以实现可持续发展。

当前我国已经进入创新驱动发展战略的深入实施阶段，科技创新是开发生产新产品、提高产品质量、提供新的服务的过程，在这一过程中需要创造性地把新知识、新技术或者新工艺应用到生产经营中来，以期达到创新的预期目标（万光羽和曹裕，2022；Horner et al.，2022）。技术创新、知识创新及管理创新同属于科技创新，技术创新是产业创新的根基。技术创新既可能带来产品创新也可能不带来产品创新，而只是带来生产工艺的改进或者产品质量的提高或者作业过程的优化等，因为同样的技术可以生产差异化的产品，而生产同样的产品也可以采用不同的技术，如采用不同的生产工艺等。

技术许可就是新产品或新工艺的设想在市场应用过程中的技术扩散的一种重要方式，它是指专利技术所有人或其授权人有条件地许可他人实施自己的专利（谢瑞强和朱雪忠，2023；Truong et al.，2022；de Bettignies et al.，2023），允许实施方或受许可方在一定期限、一定地区，以一定方式有偿使用自己的技术，即实施专利方需向专利所有人或其授权人上交一定的专利使用费用的一种技术扩散方式。技术许可不仅能快速实现技术转移，提高被许可方的技术水平，从而推进先进技术的实施应用，最大化其社会价值，也能迅速增加创新者的收益，在一定程度上弥补其技术创新上的研发投入（Sen et al.，2023；Zhang et al.，2022；

Brown et al.，2022）。

根据党的二十大精神，科技工作的下一个发展方向为加强创新体系建设，强化并推广科技创新成果。中国政府于 1995 年提出"科教兴国"战略，在此战略引领下，中国专利申请数量和质量都得到了前所未有的增加和提高，中国已成为名副其实的专利大国。然而，受专利体制及其他因素的影响，专利成果的商业化进程缓慢，很多专利还一直处于"沉睡"状态，相比世界其他发达国家，我国的专利成果商业化程度比较低。根据国家知识产权局发布的《2020 年中国专利调查报告》，"十三五"期间（2016~2020 年），我国专利的年度商业化率为 30%，而美国则高达 60%。较低的专利成果转化率严重制约了我国创新技术的运用及发展，技术许可作为创新技术商业化实施过程中的一个非常重要的途径，不仅能有效扩大创新技术的应用，提高相关行业的技术创新水平，而且可以有效实现专利技术的商业价值，有利于创新驱动发展战略的实现，从而实现国家层面、社会层面和企业层面的联动发展，更好地推动整个社会经济发展的整体创新进展。

第二节　研究意义

一、理论意义

本书主要研究内部创新者的技术许可决策问题，虽然关于内部创新已有很多研究文献，但从质量改进性视角、交叉许可视角、研发结局不确定情形下的网络产品视角及混合竞争视角来研究技术许可决策的文献还较少，本书的研究内容对于当前内部创新者的技术创新管理研究具有较好的补充作用。

本书拟把博弈论、最优控制理论和产业经济等的理论和方法应用到技术许可决策分析中，通过构建数理模型，从内部创新者的最大化利润、社会福利的大小以及消费者剩余的多少等方面来研究技术许可决策的选择问题。这一方面拓展了技术创新管理研究的研究方法和研究思路；另一方面丰富完善了技术创新管理的相关理论内容，为知识管理部门进一步完善知识管理、提高知识管理的效率提供了理论依据。

二、现实意义

技术许可作为实现创新技术商业价值最大化的一种重要途径，是当前技术管理的核心内容，通过技术许可使技术创新者获得技术许可费用，弥补科研创新的前期投入，并通过技术许可的方式实现新技术在同领域内的扩散和推广，进而使技术创新落后的企业可以通过技术许可获得最新技术带来的产品升级换代或者生产工艺流程的革新改进，从而降低工艺成本或者提高产品质量，以实现创新水平的整体新高。因此，技术许可不管是对于技术创新者本身来说还是对于受许可企业而言，都是一个较好的选择。研究什么是技术许可、如何进行技术许可、每一种技术许可决策下技术创新者和受许可企业各自的行为决策是如何产生的、相互之间是如何互动影响的、技术许可方和受许可方在哪种许可契约下才容易达成一致从而使技术创新效益整体最大化，以及创新者在采取不同的技术许可决策的情况下，自身收益及受许可方接受许可的条件和意愿，等等，都是很现实而且迫切需要解决的问题。只有在技术许可方和被许可方之间找到一种恰当的许可方式，才能真正推进专利技术的商业化进程，从根本上解决我国专利处于"沉睡"状态的问题。唤醒"沉睡专利"需要更加科学地了解许可方企业的许可动机和受许可方企业的研发战略，这需要技术创新者和受许可企业之间以理论研究为依据，建立起沟通的桥梁；以科学的契约，以双方自愿同时能够获得各自所需为宗旨，更好地发挥各自的优势，最大化专利技术的商业价值，促进专利技术所在的整个行业、整个产业以及整个社会经济的创新和发展，这对促进我国产业结构的快速升级具有非常重要的实践意义。

第三节　研究综述

一、国外技术许可研究现状

根据创新主体的不同，技术创新者分为外部创新者和内部创新者两大类。外部创新者如高校、科研院所等独立科研机构，它们利用自己的科研优势进行技术创新，然后再通过与企业协同来完成创新技术的实施应用。内部创新者是指自己独立进行技术创新的企业实体，一般是有足够的科研实力能独立研发新技术的大型企业单位。与外部创新者不同的是，内部创新者可以直接把自己的创新技术应用到自己的企业实践中，同时也可以选择是否将自己的创新技术通过技术许可契约许可给其他企业。所以，国外关于技术许可的研究文献也多从内部创新者和外部创新者的角度来展开阐述。

（一）内部创新者的许可决策问题研究现状

1. 竞争对内部创新者最优技术许可决策的影响

Sen 和 Bhattacharya（2017）研究了在古诺（Cournot）双寡头市场上竞争对

手之间的许可决策问题。该研究假设在发放许可证之前被许可方的成本信息是私有的，假如受许可方的技术督查是不可能由许可方来做的话，技术永远不会通过固定费许可的方式从低成本的许可方到达高成本的受许可方，且只有当成本存在足够差异时，产量提成许可才可能发生。此外，如果检查是可行的话，在固定费用许可和产量提成许可的情况下，被许可人总是允许许可人检查其技术。

Duchêne 等（2015）研究了内部创新者如何通过使用较低的产量提成许可策略来解决潜在市场竞争者的进入威胁问题。他们指出，通过在较低的产量提成许可协议中，把潜在进入者进入市场的不利条款列入协议，从而达到阻止潜在市场竞争者进入市场的目的。这种带有战略性质的许可决策导致市场交易更加集中，价格也更低。这一低费用的产量提成许可策略不仅对创新者有利而且能增加社会福利。

Chang 等（2015）研究了两家公司进行混合（Cournot-Bertrand 或 Bertrand-Cournot）竞争时，一家公司采用 Cournot 竞争模式，以产量来展开竞争，另一家公司采用 Bertrand 竞争模式，以价格来展开竞争；反之亦然。在许可方、被许可方采取 Cournot-Bertrand 竞争模式时，即许可方选择 Cournot 竞争而被许可方采取 Bertrand 竞争模式时，许可方会更倾向于选择固定费用许可决策。他们还进一步针对只存在两部制许可的情形进行了探讨，并得出了许可方企业在 Cournot-Bertrand 混合竞争模式下比在 Bertrand-Cournot 混合竞争模式下更倾向于选择两部制许可的研究结论。

Colombo 和 Filippini（2015）分析了在存在差异的双寡头 Bertrand 竞争市场上，当创新者同时为下游生产者时，比较了基于总价提成许可的两部制许可决策和基于每单位提成的两部制许可决策问题，并得出内部创新者更倾向于以每单位提成为基础的两部制许可决策。因为以总价为基础的两部制许可更容易导致一个纯粹的总价许可结果，在价格竞争下，以每单位提成为基础的两部制提成许可比以总价为基础的两部制许可更具战略意义，但是以每单位提成为基础的两部制提成许可的社会福利要比以总价为基础的两部制许可更低。

Wang 等（2013）研究了三家存在成本差异的企业在进行 Cournot 竞争的市场上，创新者怎么选择最优技术许可的问题。Oraiopoulos 等（2012）针对再制造产品，研究了 OEM 厂对其他第三方再制造商的产量提成许可策略。以上文献都没有涉及不同技术许可方之间的竞争问题，也没有考虑上游供应商对创新者技术许可决策的影响问题。事实上，针对同一个下游市场，由于资源限制确实存在接受许可技术的选择问题，因此在技术许可市场上创新者之间有时是存在竞争的。Kulatilaka 和 Lin（2006）在需求不确定的市场条件下，研究了内部创新者怎么选择对潜在进入者的技术许可问题。

Matsumura 和 Matsushima（2008）从市场竞争的角度展开研究，认为内部创新者可以通过产量提成许可策略使在位竞争者进行差异化定位，以减少价格战。Kulatilaka 和 Lin（2006）研究了内部创新者针对网络产品市场的最优许可问题并得出结论：当网络产品的网络效应不够强时，产量提成许可或两部制许可是更优的技术许可决策。

Arya 和 Mittendorf（2006）从供应链协调的角度研究了内部创新者面对潜在进入者的情形下的技术许可决策问题，并得出产量提成许可和两部制许可决策可协调整个供应链并提高供应链运营整体效率的结论。Arora 和 Fosfuri（2003）研究了当内部创新者存在竞争性专利技术时，内部创新者如何对潜在进入者进行技术许可的问题，结果表明，竞争迫使内部创新者选择固定费许可，但是这一技术许可策略不是一成不变的，随着下游产品异质程度的加大，创新者进行技术许可的动机会逐步降低。

Filippini（2005）在存在 Stackelberg 竞争和 Cournot 竞争的市场上，分别对内部创新者的最优许可策略进行了研究，得出在这两种竞争模式下产量提成许可都是最优许可策略的结论，并进一步对最优的产品提成率进行了探讨，指出在 Stackelberg 竞争市场上最优的产量提成率可以高于受许可方成本降低的程度，而在 Cournot 竞争市场上最优的产品提成率不能高于受许可方成本降低的程度。Kabiraj（2005）针对双寡头 Stackerberlg 竞争市场，研究了内部创新者的最优技术许可决策问题，他认为，在产量提成许可和固定费许可都具备发生条件的情形下，内部创新者将会首先选择产量提成许可。

Wang 和 Yang（2004）、Wang（2002）针对异质产品市场上的技术许可问题进行研究，他们认为对于内部创新者来说，大部分情况下是产量提成许可要比固定费许可更利于其提高自身利润。Kamien 和 Tauman（2002）针对同质多寡头 Cournot 市场对比分析了内部创新者的技术许可决策问题，并分别对产量提成许可、固定费许可和拍卖许可三种许可方式进行了对比分析发现：在许可证发放数量固定的情况下，当受许可方较多时，外部创新者采取产量提成许可为最优决策。

Rockett（1990）研究了存在两个不同实力的潜在进入者的市场的技术许可策略问题，研究结论显示，内部创新者为了有效减少市场竞争，更好地保持自身的竞争优势，将技术许可给实力较弱的潜在进入者最佳，这种把实力较强的潜在竞争者隔离在市场之外的方式，可以保持内部创新者自身的竞争优势。Shepard（1987）认为技术许可可以对潜在进入者形成承诺机制，该机制可以有效降低潜在进入者对产品价格提升或质量下降的消费敏感度。

2. 创新规模和产品替代对内部创新者最优许可决策的影响

Bagchi 和 Mukherjee（2014）研究了产品差异化和不同市场竞争模式下的内部创新者的技术许可决策问题，对于一定范围内的差异化产品，如果潜在许可证持有人足够多，无论是在 Cournot 竞争模式下还是在 Bertrand 竞争模式下，与固定费许可决策相比，内部创新者和社会更喜欢产量提成许可。因此对于具有一定差异化的产品而言，无论是内部创新者还是反垄断当局在选择许可合同类型时都不需要关注产品市场竞争类型的信息。Kishimoto 和 Muto（2012）研究了双寡头Cournot 市场上的最优技术许可策略，并发现最优的技术许可策略受创新程度的影响，对于非显著性创新来说，产量提成许可比固定费许可要好。

Martín 和 Saracho（2015）研究了在一个 Cournot 双寡头垄断市场上，内部创新者的技术许可决策问题，研究表明，当双寡头企业的产品是互补品或者两者的产品是替代品但相互替代的程度很低时，相比单位产量提成许可而言，内部创新者更倾向于总价提成许可。Li 和 Wang（2010）认为，创新规模的大小对基于质量改善性创新的技术许可决策有较大的影响，随着创新规模由小变大，内部创新者的技术许可策略也逐步由产量提成转向固定费许可。

Poddar 和 Sinha（2004）针对内部创新者的下游企业存在产品差异化的情况研究了内部创新者的许可决策问题，并得出结论：创新规模依然是影响内部创新者进行技术许可的主要因素，创新规模较大的内部创新者往往选择不进行技术许可，而创新规模较小的内部创新者则倾向于选择产量提成许可策略。Wang（1998）对同质双寡头 Cournot 竞争市场上的内部创新者的技术许可决策问题进行了探讨，并得出结论：对于拥有非显著性创新的内部创新者来说，产量提成许可优于固定费许可，因为内部创新者可以凭借拥有提成率的话语权来对受许可企业的边际成本产生影响，这样就可以增加自己的成本优势。

3. 模仿成本对内部创新者最优许可决策的影响

Rockett（1990）认为，内部创新者的许可决策受到其模仿者技术模仿成本高低的影响，并认为模仿成本越高，内部创新者越倾向于采取产量提成许可；模仿成本越低，其越愿意采取固定费许可的许可决策。

Mukheijee 和 Balasubramanian（2001）在 Rockett（1990）的基础上进一步对内部创新者的技术许可决策进行研究，他们对存在模仿进而导致产品差异很小及不存在模仿因而产品差异较大的两种情况进行了对比研究，最终认为：当两家企业不存在模仿且产品差异较大时，两部制许可比其他许可策略更适合内部创新者；当两家企业间不存在模仿但产品差异不大时，产量提成许可是内部创新者的首选。若内部创新者的产品存在被模仿的情况时，采取两部制许可是内部创新者最佳的技术许可决策。

4. 技术质量对内部创新者最优许可决策的影响

Mukheijee 和 Balasubramanian（2001）对创新者同时拥有两种质量不同的创新技术的情形进行了研究，研究表明：对于内部创新者来说，不管是否存在模仿，也不管模仿成本的高低，把自己质量较高的技术进行许可总是最优的技术许可决策。Li 和 Song（2009）针对内部创新者拥有多项质量改善性技术，且每种技术对产品质量影响较大的情形进行研究，并认为高质量技术是其技术许可的首选。

Kabiraj 和 Maijit（1992）针对许可双方处于不同的国家的情形研究了技术许可问题，由于国家市场保护，这样避免了许可方在受许可方所在市场上的竞争，但是也增加了受许可方侵占许可方所属国家的市场的风险，因此许可方在进行技术许可时往往采取固定费许可决策。接着，Kabiraj 和 Maijit（1993）进一步对此问题进行了研究，并认为此种情况下许可方适宜许可其较低质量的创新技术。

Rockett（1990）针对内部创新者在面临模仿威胁时许可哪种质量的创新技术的问题进行了研究，并指出模仿的威胁影响了内部创新者产量提成率的提高，此时内部创新者往往选择其质量较低的技术进行许可。

5. 网络效应对内部创新者最优技术许可决策的影响

Zhang 等（2018）研究了在一个由一家上游供应商和两家下游供应商组成的两阶段供应链中的定价和技术许可决策问题。在该研究中，假设上游公司给下游两家公司以同样的价格提供同样的关键原材料，两家企业生产具有网络效应的异质产品。研究认为，对于低网络效应的创新，产量提成许可最优；而对于高网络效应的创新，创新公司的最佳许可策略取决于市场规模和潜在被许可方开发可替代创新的成本。研究还发现，与固定费许可相比，产量提成许可可以更好地协调供应链。

Economids 和 Flyer（1997）、Lee（2007）、Erzurumlu 等（2009）等在网络外部性环境下分别从定性和定量的角度，对内部创新者如何通过技术许可进行商业化的问题进行了较深入的探讨。Lin 和 Kulatilaka（2006）调查了在网络产品市场上的一家创新公司的三种许可选择：固定费许可、特许权使用费许可和两部制许可。

（二）外部创新者的许可决定问题研究现状

1. 产品因素对外部创新者创新技术许可决策的影响

很多生产同类产品的企业其实是有很大差异的，在差异化产品市场上进行技术许可的方式也是有差异的。

Emtku 和 Richelle（2006）针对下游市场上存在多个生产异质产品企业的情形，对外部创新者的技术许可策略选择问题进行了研究，并指出外部创新者通过两部制许可的方式可以获得垄断市场的利润。Kamien 和 Tauman（2002）针对无差异的产品市场上的不同创新类型的创新者的技术许可问题进行研究，并得出和 Kamien 等（1992）较类似的结论，即拍卖许可决策相比产量提成许可和固定费许可更有利于外部创新者收益的提高。

Bousquet 等（1998）对外部创新者选择差异化的技术许可方式的影响因素进行了研究。研究表明：外部创新者在决定技术许可方式时受到创新需求和创新工艺实施成本这两个因素的影响较大。在创新需求不确定的情形下，采取价格提成许可会比采取产量提成许可更优；在创新工艺实施成本不确定的情形下，外部创新者可能采取价格提成许可，也可能采取产量提成许可，两者区别并不明显。

2. 外部创新者本身因素对最优许可决策的影响

Kishimoto 等（2011）研究了在一个普通的 Cournot 市场上对一个外部创新者进行成本削减创新的许可的渐近谈判结果问题。Mukheijee（2010a）的研究表明：当外部创新者的讨价还价能力影响到其技术许可决策的选择时，并且当外部创新者拥有足够的讨价还价的能力时，产量提成许可是其最佳的许可决策。

Sen 和 Stamatopoulos（2009）对拥有显著性创新技术的外部创新者的技术许可问题进行了研究，并得出创新者的技术许可决策的优劣受到外生变量的影响和制约，如果没有外生变量，则所有的许可决策没有区别。Stamatopoulos 和 Tauman（2008）针对外部创新者拥有的质量改善性技术创新的许可数量问题进行了研究，研究发现：在市场被完全覆盖的情况下，应该采取多发放许可证的方式对所有企业都进行技术许可；而在市场未被全部覆盖的情形下，技术许可证发放的多少受消费者本身差异的影响，消费者之间的差异越大，则越倾向于多家许可，相反则倾向独家许可。

Muto（1993）认为，对于外部创新者来说，不同的技术许可决策下许可证发放的数量存在区别，在产量提成许可下，适宜向多家企业同时发放多张许可证；而对于固定费许可的情形，采取独家许可的决策最优。Aoki 和 Tauman（2001）研究了外部创新者的技术存在溢出的情形下的最优许可证发放数量的问题，他认为技术溢出程度越大，越适宜采取多发许可证的决策。

Kamien 等（1992）指出，对于外部创新者来说，最优许可策略受创新规模的大小、企业数量的多少以及需求弹性的大小的影响。Arrow（1962）是对技术创新和技术许可问题研究最早的文献。该研究认为外部创新者更倾向于使用产量提成技术许可决策。

3. 市场因素对外部创新者技术许可决策的影响

除产品因素外，对于外部创新者来说，市场因素也可能影响外部创新者的许可决策。Chang 等（2013）研究了在垂直市场结构下，外部创新者将其成本降低性技术创新对下游一家或两家生产厂商进行技术许可时，固定费许可和产量提成许可哪种方式更好的问题。

Rey 和 Salant（2012）研究了当上游市场存在一个或多个专利技术许可方时，外部创新者如何进行最佳的技术许可决策问题。Stamatopoulos 和 Tauman（2008）针对双寡头 Bertrand 竞争市场，在双寡头提供的产品具有差异的假设下，探讨了基于产品质量改善的技术创新许可的问题。

Giebe 和 Wolfstetter（2006）、Sen（2005）在研究外部创新者的技术许可决策时，强调了许可证发放数必须为整数的特征，并提出了拍卖许可和产量提成许可联合的新的许可方式。也就是说，在拍卖一张许可证时，假如参与竞拍的受许可方企业没有拍到创新技术的许可资格，那么外部创新者可以以产量提成许可的方式将其创新技术许可给此类企业，这种新的许可方式最大化了外部创新者的创新技术的商业价值。

Sen（2005）针对 Cournot 多寡头市场情形，对外部创新者技术许可决策的最佳条件进行了探讨，即拥有显著性创新技术并且许可证的发放必须是整数且不能唯一，而且存在临界值，当许可证的发放数量超过这一最低值时，产量提成许可策略最优。

Kabiraj（2004）针对存在 Stackerlberg 竞争的市场上的外部创新者的三种技术许可方式展开研究，并指出外部创新者的技术许可决策受到创新规模的约束，当外部创新者的创新规模较小时，相比固定费许可和两部制许可，产量提成许可最佳，而对于较大的创新规模的情形，外部创新者会更倾向于选择拍卖许可。Kamien 和 Tauman（1984，1986）采用非合作博弈理论研究了外部创新者的最优技术许可决策，认为在同质多寡头 Cournot 竞争市场上，固定费许可优于产量提成许可。

4. 信息结构对外部创新者的最优许可决策的影响

Crama 等（2008）认为，为了避免逆向选择和道德风险，外部创新者可以选择三部制许可方式，即技术许可费＝预付固定费＋里程碑支付＋产量提成许可。Sen（2005b）对实践中存在多种不同技术许可策略的现象进行了研究，认为最优技术许可策略的选择受到外部创新者对在位垄断企业生产成本信息的把握程度的影响。Poddar 和 Sinha（2002）在受许可方因拥有私人信息且存在逆向选择可能的情况下，对外部创新者的许可决策进行了研究。他们进一步指出，当创新技术的市场需求较低时，采取产量提成许可或两部制许可最优；当创新技术的市场需求较高时，采取固定费许可最优。

Schmitz（2002）指出外部创新者拥有信息的多少会影响其对受许可方发放的许可证的数量，当外部创新者拥有部分私人信息时，适宜采取多张许可证决策；当拥有全部信息时，适宜采取独家许可决策。

Choi（2001）从道德风险的角度分析了外部创新者的技术许可决策的优劣。他认为，从道德风险防范的角度来说，外部创新者选择产量提成许可或两部制许可更优。因为技术许可双方在技术许可的过程中都需要大量的成本投入，如付出时间、精力、体力来传递或理解技术知识，在此过程中，私人信息会影响这些成本的投入量，所以双边都面临着一定的道德风险，因此外部创新者在选择技术许可方式时就不得不考虑防范风险这一因素。

Macho-Stadler 等（1996）研究了技术许可过程中道德风险的产生机理，并指出许可方式的选择与很多难以观察和证实的附加因素有关。Beggs（1992）假设仅受许可方对新技术的价值有较完全的认知，即对专利的应用前景和市场需求信息非常了解，通过研究指出此时外部创新者采取产量提成许可方式进行许可要比固定费许可更优。

Macho-Stadler 和 Perez-Castrillo（1991）研究了不对称信息下的外部创新者的最优许可决策，并指出当外部创新者具有私人信息时，通常产量提成即可传递专利的高值类型，而当外部创新者拥有的私人信息变少，也就是受许可方对专利的认知较多时，外部创新者只能选择固定费许可决策。Gallini 和 Wright（1990）得出结论：在显著创新的情况下，产量提成许可最优，且产量提成率与创新规模呈线性关系；在非显著创新的情况下，固定费许可最优。

（三）专利中介的许可决策问题研究现状

由于专利中介在技术市场中出现得比较晚，所以相比内部创新和外部创新技术许可决策而言，专利中介许可决策研究方面的文献较少且较新。具体如下：

Agrawal 等（2016）研究了成本降低性创新和专利中介在提高市场效率方面的作用的问题。他们认为，专利中间商作为创新领域的非执业实体，在技术创新市场中越来越重要。他们分析了两家相同的在位企业和一个专利中间商之间为获得同一个外部创新者的创新技术许可而产生的竞争问题，并得出结论：专利产权获取和许可博弈在很大程度上取决于创新技术降低成本的程度。如果创新是增值的，专利中介机构就能在专利市场中获得专利产权；当创新是中等创新或基础创新时，只要专利中间商比在位企业拥有显著的效率优势并且创新程度的不确定性很低，它们也会获得专利产权；当技术创新程度适度或彻底时，只要它们比在位企业有显著的效率优势，并且创新程度的不确定性很低，它们也会获得知识产权。研究还表明：专利中介机构有助于提高市场效率。当创新是增值创新或中等创新时，专利中介机构有助于降低生产成本和客户的价格；当创新是基础创新时，专利中介机构有助于增加在位企业的利润。

Geradin 等（2012）研究了在创新经济中非执业实体专利拥有者的角色问题。他们认为，非执业实体专利中间商的进入可以强化竞争、增强创新、降低下游产品的价格，同时扩大消费者的选择范围，并进一步解释了为什么和何时使用专利中间商的问题，以及探讨了更多的专利中介模式的问题。

Lichtenthaler（2011）从技术知识的本质出发，在区别产品市场与技术市场的基础上，研究了创新中间商对技术市场的重要性，并证明了技术转让比产品转让更加复杂。他还详细讨论了专利中介服务的不同类型以及创新中间商和制造公司之间的相互作用，并得出专利中间商在未来的技术许可决策中将有助于提高技术许可决策的效率。Reitzig 等（2010）研究了专利中间商中的专利"鲨鱼"现象，他们认为，技术市场上总是大公司受益这一结论并不总是成立的，知识产权制度也并非严格支持技术市场，并且存在专利"鲨鱼"类的专利中间商将会是专利技术市场上的一个持久现象。

二、国内技术许可研究现状

由于国内外技术创新水平的发展差异，总体来说，相比国外关于技术许可决策的研究文献来说，国内这方面的研究较少且起步较晚。笔者将从影响技术许可决策的因素方面来逐一阐述技术许可决策的问题。

慕艳芬等（2017）针对碳税政策对竞争性制造商的低碳技术许可的影响等问题进行研究。他们认为，在存在低碳技术许可的情况下，当碳税较低时，制造商适宜采取固定费许可；而当碳税较高时，制造商采用单位产量提成许可更优，并进一步证明了技术许可可以提高技术许可方的利润，同时也能增加消费者剩余。

田晓丽（2016）在 Stackelberg 竞争市场上，研究了质量改善性的专利持有者在纵向兼并和技术许可决策之间的抉择问题，并认为当创新技术程度较高时，创新者会倾向于先纵向兼并跟随企业，然后再向挑战企业进行技术许可并且使用产量提成许可决策最优；当创新程度较弱时，技术创新者会选择同时向跟随者和挑战者许可其创新技术。

赵丹等（2015）研究了双寡头在位企业在产品存在网络外部性和消费者存在质量偏好的情形下的技术许可决策问题。他们认为，产品质量差异越大，最优的许可决策的临界网络强度值越高，从利润最大化的角度来看，创新者的最优技术许可决策要么是产量提成许可要么是两部制许可，且随着网络强度的增大，创新者会逐步由产量提成许可向两部制许可转换；从社会福利最大化的角度来看，固定费许可决策最佳。

苏平和覃学（2015）在三寡头垄断市场上，通过博弈分析研究了内部创新公司对于两家具有实力差异的在位企业的许可决策问题。他们认为，当内部创新者与受许可方中实力较强企业的边际成本相同时，假如技术许可不能阻止竞争力较强的企业投资研发新的创新技术，则此时的技术许可将会降低市场总利润及社会福利。刘凤朝等（2015）针对专利技术许可对创新产出的影响问题进行了研究，他们认为专利技术许可可以明显地促进企业的创新产出，并且组织临近相比技术临近和地理邻近更能促进创新的产出。

熊磊等（2014）通过实证分析研究了境外企业对中国企业的技术许可决策问题，他们认为技术能力的强弱和技术深度的高低以及东道国的受许可方自身的经验，都会影响国外企业的技术许可决策，且越是拥有较强的技术能力和技术深度的境外企业在许可决策中越开放，采取排他性许可的倾向越低。

王怀祖等（2013）研究了非对称性专利联盟的形成机理。他们认为，外部创新者的最优技术许可决策的选择与网络外部性的强弱有关，当创新者的创新具有较强的网络外部性时，开放式的独立许可更受青睐；当创新者的创新具有较弱的网络外部性时，封闭式的独立许可更受欢迎。

赵丹等（2012）通过建立多阶段博弈模型得出结论：创新者的许可决策受R&D溢出程度、创新规模大小的影响，并进一步指出，假如创新成功后，创新者和其他非创新企业之间不存在明显的成本差异，此时产量提成许可是最优的；而当创新者和其他非创新企业之间存在明显的成本差异，并且产品之间替代程度较大时，固定费许可比其他两种许可决策更有优势。研究者还指出：创新者的技术许可决策的最优条件不是一成不变的，在特殊情形下，如某一特定的区域，创新者的最佳许可决策会随着创新者自身议价能力的增强而发生改变，当创新者自身议价能力较强时，其最佳的许可决策从产量提成许可逐步转向固定费许可。

赵丹和王宗军（2012）研究了政府在考虑消费者剩余时对企业的研发支持问题。他们认为，政府依据消费者剩余的多少给予的研发补贴率会影响企业的科技投入，且技术许可决策对政府的研发政策产生影响的条件是创新者进行的是非显著创新，对许可企业而言，采取固定费许可比产量提成许可更能从政府那里获得较高的研发补贴。而在技术许可决策确定的情况下，政府针对研发补贴的政策会受许可双方企业自身预期的议价能力的影响。比如产量提成许可，对被许可企业而言，该国对其研发的补贴率随着自身议价能力的降低反而增大。

王怀祖等（2012）在双边市场条件下，研究了创新者技术许可决策是如何受网络外部性、许可方数量和潜在市场需求规模影响的问题。他们认为，在一般情况下，固定费许可决策要比变动许可决策更佳，但是随着网络外部性强度增强和潜在受许可方数量的增加，变动许可决策可能会优于固定费许可。

王元地等（2011）以中国创新企业为研究对象，探讨了企业创新能力发展和技术许可之间是如何相互影响、相互促进的，并得出结论：技术许可不管是从数量上还是从质量上来说都可以提高受许可企业的自主创新能力，尤其是来自境外的技术许可，其在促进受许可企业创新能力提高的效果方面更加显著。但是，境外技术许可并不能提高境内企业的国际创新能力。

赵丹和王宗军（2010）认为，当产品质量没有差异时，增强议价能力能够增加创新者的收益，但仅仅适宜采取固定费许可的技术创新者，而当产品质量有差异时，两部制许可又是创新者的最佳许可决策。王怀祖（2010）针对上游独家垄断的供应链，研究了内部创新者对潜在进入者的技术许可策略。他们认为，创新者的技术许可决策的选择与产品网络外部性的大小有关，当网络产品的网络外部性较强时，宜采取两部制许可，网络外部性越小，越适宜采取产量提成许可。

刘兴等（2008）针对一个外部创新者两个竞争性的授许可方的技术许可决策问题进行了研究，他们认为在这种情况下，技术创新者会依据自身技术创新规模的大小来选择自己的许可策略。潘小军等（2008）针对存在网络外部性的市场，研究该市场上的技术许可决策问题，他们认为存在网络外部性的市场上的技术许可决策主要受技术创新规模的影响。

钟德强等（2007）针对各自拥有且可相互替代的成本降低性技术的两家技术创新企业，研究它们选择哪种许可决策许给受许可企业的问题，并得出结论：在固定费许可下，创新企业通常会选择许可其非激变创新技术，并且受许可企业越多，产品异质性越强，最优的许可证发放数量越大，当受许可方不少于 5 家时，两家创新企业都会倾向于多家许可。

此外，元鹏（2005）从竞争的角度探讨了研发同盟如何联合起来许可其技术的问题，并认为不同创新程度的创新技术适宜采取不同的技术许可策略。吴延兵（2005）探讨了政府在技术许可决策中的作用。包海波（2004）研究了技术许可的机理。霍沛军等（2000a，2000b）研究了针对潜在进入者的许可证发放数量和顺序问题。郭红珍等（2007a，2007b）从产品差异和创新规模的角度对技术许可决策的影响问题进行了探讨。

目前，国内学者关于网络外部性问题的研究，主要是在 Hotelling 模型的基础上分析网络外部性环境下企业的定价与兼容性决策等问题。例如，帅旭和陈宏民（2003）、胥莉和陈宏民（2006）、潘小军（2006）、吉宏伟和孙武军（2007）、钟晨和孙武军（2001）等。这些研究文献均未涉及技术许可策略问题，通过文献检索，我们发现仅有少数文献对网络产品的最优技术许可策略问题进行了分析。例如，潘小军等（2008）在存在网络外部性的市场中对内部创新者的技术许可问题进行了研究，结果表明，当创新规模较小时，产量提成许可优于固定费许可。赵丹和王宗军（2010）在网络产品市场上研究了在位创新企业对产品市场上多家企业的技术许可问题。研究表明，在固定费许可下，当市场规模较小时，在位创新企业会放弃许可选择垄断；当市场规模较大时，技术许可总是优于不许可，但是具体对一家企业还是多家企业实施许可，要视网络外部性强度、市场集中度和研发效率等因素的影响。赵丹等（2012）研究了差异化网络产品市场上创新者的最优许可策略问题，研究表明，产品异质程度、网络效应强度、市场规模和潜在受许可方研发费用的高低等会对最优的技术许可策略产生很大的影响。

三、现有研究评述

有关技术许可方面的研究早已引起国内外学者的重视，通过上述文献梳理发现，技术许可决策方面的研究文献已经从不同维度进行了深入的探讨和研究，这为本书提供了非常扎实的理论基础。综观当前研究文献，结合自身的专业知识，笔者认为随着技术经济的发展，已有文献中仍然存在研究不充分的地方，还有不少很切合技术经济发展实际的问题在理论上还没有系统成形，因为技术创新（商业创新、设计创新）可能实现产品创新，但也可能并不会带来产品的改变，而是改善生产工艺使产品生产成本降低、生产效率提高等。因此，当前研究文献没有涉及的问题具体包括以下几个方面：

（1）当前关于成本降低性创新的许可决策的文献已经非常充分，但是探讨质量改善性创新的许可方面的文献还很少。因此，本书主要从质量改善性技术创新的角度进一步研究技术许可问题。

（2）已有文献大多假定企业进行单向技术许可，有关交叉许可的研究较少。而在现实中，存在两家竞争企业，其中一家企业拥有成本降低性工艺技术创新，而另一家企业拥有质量改进性技术创新，两家企业为了各自技术的提升和市场竞争力的增强，非常有可能把自己的创新技术许可给对方，通过交叉许可弥补自身在技术创新方面的不足，从而达到"双赢"的目的。

（3）现有文献大多是在单一竞争模式下进行研究，而对供应商存在差别定价的情况下，上游供应商对下游两家竞争企业的技术许可决策问题的研究还鲜有涉及，尤其是两家在位创新企业在混合竞争模式（Cournot-Bertrand 和 Bertrand-Cournot）下的技术许可策略选择问题，还有待进一步研究。

（4）现有研究大多假设研发结局是确定的，但在企业的研发现实中，研发结局不确定的情况是很普遍的，而对于网络产品在研发结局不确定的情形下的技术许可决策的研究目前还鲜有涉及。

第四节　研究内容与研究目标

本书共分为九章，主要内容为：

第一章主要分析了为什么要研究内部创新者的技术许可决策以及如何进行研究，大概用什么研究方法展开研究的问题。

第二章主要对本书中涉及的技术创新、博弈论、相关经济模型和网络外部性以及最优控制论等理论内容进行归纳梳理。

第三章分析了基于关键词网络的技术许可知识结构。本章用文献计量法对有关技术许可的研究进行了综述。通过在 Web of Science 中键入主题"Technology Licensing"来获取技术许可方面的文献信息，并利用共词分析、K-核社会网络分析和多维尺度分析等方法来构建技术许可研究领域的知识地图。在此基础上，对现有技术许可相关研究的不足进行了总结，并结合聚类分析的结果指出了技术许可领域未来的研究方向。后续的几章内容主要来源于这些研究趋势中的部分问题，并进行了深入研究。

第四章探讨了拥有质量改进性工艺创新的企业如何进行许可决策以实现最优的问题。本章研究了在位创新企业针对其质量改进性工艺创新技术如何进行技术许可决策的问题。假定存在两家竞争企业，其中一家企业进行了质量改进性技术创新，使其产品质量高于另一家企业，并且创新企业有意愿将其质量改进性创新技术许可给另一家竞争企业，且许可后两家企业的产品质量相同。本章分固定费许可、单位产量提成许可和两部制许可三种方式，从许可方利润最大化的角度研究创新企业的最优技术许可策略，并基于这三种许可策略研究质量改进性技术许可对消费者剩余和社会福利的影响。

第五章研究了研发结局不确定情形下的网络产品技术许可策略的选择问题。本章针对网络产品，考虑研发结局不确定因素是如何影响创新企业进行最优许可决策选择的问题，分三个阶段（生产阶段、许可阶段和研发阶段）对许可方的质量改进性技术的许可策略进行研究，并从期望利润最大化的角度，对不同的技术许可策略（固定费许可、单位产量提成许可和两部制许可）进行比较，得到了许可方的最优许可策略。最后对不同许可策略下的消费者剩余和社会福利进行了比较，并分析了网络效应强度对二者的影响。

第六章研究了混合竞争模式下的技术许可策略选择问题。本章在 Chang 等（2015）的基础上考虑了处于供应链上游的供货商的原材料批发价格等是如何影响处于供应链下游的创新企业之间的技术许可决策的，并探讨了下游两家企业实施混合竞争时的不同许可策略（固定费许可和单位产量提成许可）对上游供应商批发价格决策的影响。从许可企业利润最大化的角度对两种许可策略下两家企业采取不同混合竞争模式（Cournot-Bertrand 和 Bertrand-Cournot）时的最优许可策略选择问题进行了研究。最后从供应商、消费者和整个社会的角度探讨了不同混合竞争模式对供应商利润、消费者剩余和社会福利的影响。

第七章研究了质量改进性和成本降低性工艺创新的交叉许可决策问题。我们假定市场上存在两家企业，两家企业产品的初始质量和边际生产成本均相同。两家企业各自投入一定的研发成本进行工艺技术创新，其中一家企业通过成本降低性工艺创新使自己的每单位生产所需的成本得以降低，而另一家企业通过质量改进性工艺技术创新使其产品质量得以提升。对于两家企业而言，技术创新后可能有四种不同的许可策略组合：①企业 1 和企业 2 均不接受技术许可；②企业 1 许可但企业 2 不许可；③企业 2 许可但企业 1 不许可；④企业 1 和企业 2 均进行许可即交叉许可。本章基于以上四种情况在 Bertrand 竞争模式下根据不同的创新规模分别研究了固定费许可发生的条件。最后我们将 Bertrand 竞争和 Cournot 竞争的情形进行了比较，并对两种竞争模式下企业收益、消费者剩余以及社会福利之间的关系进行了研究。

第八章研究了考虑质量偏好和网络效应的在位创新企业技术许可策略。本章在假定许可方的产品质量高于被许可方产品质量的基础上，研究了消费者具有不同质量偏好下网络产品市场上在位创新者的最优许可决策。首先分析了两家企业间不发生技术许可的情况，其次分别对固定费许可、产量提成许可和两部制许可进行了分析。为了研究两家企业间的技术许可问题，本章提出了一个四阶段非合作博弈模型，并分别从在位许可企业利润最大化和社会福利最大化的角度对最优的许可策略进行分析。

第九章通过对全书的研究内容进行总结和分析，结合笔者对该部分研究的认知，提出了对未来的技术许可相关领域的研究展望。

第五节 研究思路与研究方法

本书采取定量和定性相结合的方法展开研究，通过把博弈相关理论、最优控制相关理论和文献计量的相关理论进行结合，同时把网络经济相关理论和产业组织相关理论进行融合，以此来系统分析和探讨创新企业的最优技术许可决策问题。

本书把产品市场分为传统产品和网络产品两个市场，针对两个产品市场分别进行数理模型的构建，同时借助博弈的思想和实现预期均衡（Fulfilled Expectation Equalibrium）的方法，求解并分析两种产品市场上创新者的最优技术许可策略，并进一步求出两种产品市场上创新者的最大化利润和社会福利，并对模型求解的结论进行定性分析，为相关政府部门和企业提供理论上的指导。

由于本书主要研究的是内部创新企业工艺技术许可决策的问题，所以首先对当前技术许可相关领域研究文献的知识结构总体状况以及当前的研究热点和研究方向进行系统的梳理和分析，以更加明确技术许可领域当前的总体研究态势。第三章用文献计量法对科学数据库中近10年来有关技术许可的5665篇期刊论文和书籍章节文献进行了详细分类阐述，并进行了聚类分析，通过利用共词分析、K-核社会网络分析和多维尺度分析等方法来构建技术许可研究领域的知识地图，并根据技术许可知识现有研究点的分布，找出当前技术许可领域的鲜有研究或者研究量较少的模块，并以此为基础对现有关于技术许可领域的研究不足进行了总结，并结合聚类分析的结果指出技术许可领域未来的研究方向。具体研究思路如下：

第三章使用K-核方法把与技术许可相关的整个研究网络的文献分解为四个层次，并通过MDS来分成四个部分。在分析研究文献层次结构的基础上，解释了不同部分之间的关系，并通过智能地图，定量分析了各层次的重要组成部分和层与层之间的相互联系，并以此对技术许可相关研究领域未来的研究方向进行了科学的预测。

通过第三章的研究我们发现，技术许可相关的研究文献从研究趋势上看，未来以下两个方面的内容将是非常有研究空间的：部分的单一许可问题和整个交叉许可领域的技术许可问题。单一许可问题即两家相互竞争的企业，其中具有创新技术的企业将其技术许可给另一家不具有此创新技术的企业的问题；而交叉许可是指两家相互竞争的企业，一方拥有成本降低性工艺创新，而另一方拥有质量改进性技术创新，两者之间相互许可给对方自己的技术的问题。从文献梳理的结论来看，单一许可问题较新的研究方向包括专利中间商的问题、跨领域的联合技术的技术许可问题、针对平台企业的技术许可问题、相比成本降低性的技术许可更加侧重质量改进性的技术许可问题，以及更加侧重动态博弈的技术许可的问题等。相比单一许可的问题，关于交叉许可的问题当前研究得更少，所以整个交叉许可领域的研究文献普遍较少。

本书主要是针对侧重质量改进性工艺创新技术的单一技术许可问题和成本降低性创新技术和质量改进性创新技术的交叉许可问题进行研究。

其中第四章至第六章和第八章主要研究的是单一技术许可中的侧重质量改进性技术的许可决策问题。第七章主要研究的是技术许可未来研究方向中的成本降低性技术和质量改进性技术的交叉许可问题。对单一技术许可问题中的侧重质量改进性创新技术的许可选择了三个研究视角：第一个是研究纯粹的质量改进性工艺创新技术的最优许可策略选择问题；第二个是研究具有网络外部性的企业的质量改进性创新技术、在研发结局不确定情形下的最佳的技术许可决策选择问题；第三个是研究混合竞争模式（Cournot-Bertrand 和 Bertrand-Cournot）下的质量改进性创新技术的许可策略选择问题，本部分区别于已有研究的地方就是考虑了上游供应商的决策对下游企业技术许可策略的影响，同时也分析了下游两家企业实施混合竞争时，两家企业的不同许可策略（固定费许可和单位产量提成许可）对上游供应商批发价格决策的影响。

针对交叉许可的情形仅仅探讨了两家相互竞争的创新企业：一家拥有成本降低性创新技术，另一家拥有质量改进性创新技术，在 Bertrand 竞争模式下，分四种情形：①企业 1 和企业 2 均不接受技术许可；②企业 1 许可但企业 2 不许可；③企业 2 许可但企业 1 不许可；④企业 1 和企业 2 均进行许可即交叉许可。

第六节　创新之处

（1）考虑了消费者的不同质量偏好对在位创新企业质量改进性工艺创新的技术许可决策的影响。现有关于技术许可问题的文献多是研究成本降低性技术的许可策略，而对质量改进性技术许可的研究却很有限。实证研究（Lunn，1987；Petasas and Giannikos，2005）的结论也表明，质量改进性技术要比成本降低性技术在现实中的应用更普遍。本书在对在位创新企业质量改进性技术许可的研究中，考虑了消费者的质量偏好对最优许可策略的影响。

（2）在研发结果不确定的情形下，考虑网络效应强度和企业间产品质量差异因素对在位创新企业最优技术许可决策的影响。现有关于技术许可问题的研究大多没有考虑研发结果不确定的情形，沈克慧等（2012）和 Zhang 等（2016）虽然研究了研发结果的不确定性对在位创新企业最优许可策略的影响，但是他们均没有考虑网络效应和企业间的产量质量差异。本书在沈克慧等（2012）和 Zhang 等（2016）研究的基础上，将网络效应强度和两企业间产品质量的相对差异程度考虑了进来，在研发结果不确定的前提下分析网络效应强度、两企业间产品质量的相对差异程度等对在位创新企业最优许可策略的影响。

（3）在混合竞争模式下考虑了上游供应商的差别定价决策对下游企业间技术许可决策的影响。现有在位创新企业技术许可方面的文献，基本上都是假定下游企业之间的竞争为同一类型的竞争（如 Cournot 竞争或 Bertrand 竞争），而对混合竞争（Cournot - Bertrand 或 Bertrand - Cournot 竞争）的研究较少。Chang 等（2015）虽然研究了两企业之间的混合竞争问题，但是他们没有考虑上游供应商决策对下游企业许可策略的影响，以及下游企业之间的技术许可策略对上游供应商决策和供应链协调的影响。现有关于技术许可问题的研究大多只考虑了下游市场上企业之间的竞争，而很少有文献从上下游供应链的角度研究在位创新企业的技术许可策略选择和供应链协调的问题。本书在 Chang 等（2015）的基础上进行了拓展，考虑了上游供应商的差别定价决策对下游企业的影响，弥补了现有研究的不足。

（4）对技术市场上存在质量改进性技术和成本降低性技术时各持有方的交叉许可行为进行了研究。现有技术许可方面的文献基本上都是研究单向许可问题，本书提出了这样的一个混合竞争模型，即在一个差异化的双寡头垄断市场上，存在两家下游企业和一家上游供应商，且两家下游企业中的一家企业拥有创新技术，另一家企业是潜在的被许可方，本书对许可方如何才能做出最佳的许可决策进行了研究。在 Bertrand 竞争模式下将交叉许可与两类不同的单向许可策略进行了比较，并将 Bertrand 竞争模式下交叉许可的结果与 Cournot 竞争下交叉许可的结论进行了比较，并在交叉许可存在激励的情况下考察了竞争模式对企业利润、消费者剩余及社会福利的影响，弥补现有研究在交叉许可方面的不足。

（5）在对内部创新者质量改进性工艺技术创新的研究中，考虑了消费者的质量偏好和网络效应强度对最优许可策略的影响。已有的文献对质量改进性工艺技术创新的许可策略的研究较少，而对消费者具有不同质量偏好的研究则更少。即便是有些文献在模型中引入了产品差异系数，但是这样的差异也仅仅是消费者在相同偏好之下，共同对产品差异的一致性判断而已。而现实当中，消费者不仅认为产品之间存在差异（外观差异、质量差异和品牌差异等），而且对产品之间差异程度的判断也不一致。本书将消费者的质量偏好和网络效应强度整合到一个模型当中进行研究，弥补了已有研究的不足。

第二章　相关理论概述

第一节　技术创新相关理论

一、技术创新概述

技术创新是产业创新的基础，是引领整个产业发展的关键。技术创新是一个从产生新设想到新设想变成相应技术并进行应用的完整过程，这个新设想可以是关于新产品的设想，也可以是关于新工艺的设想，因此，技术创新包括产品创新和工艺创新两大类。产品创新可以来自工艺创新，也可以来自产品设计或者商业化过程，是以结果来呈现创新；工艺创新可能带来产品创新也可能不带来产品创新而仅仅带来产品质量的提高、生产成本的降低或者生产环境的改善等，工艺创新属于过程创新，其创新体现在产品的生产过程中。产品创新的目的是提高产品设计和产品性能的独特性；工艺创新的目的是提高产品质量、降低产品的生产成本、降低过程消耗以及改善工作环境等。总体来说，技术创新的过程包括创新技术的开发和创新技术的应用两大环节，具体包括以下系列活动：创新设想的产生、研究开发、创新技术的商业化生产和扩散。技术创新不是简单的技术开发和技术应用的直接相加，真正的技术创新要实现技术开发和技术应用"1+1>2"的创新效果。也就是说，技术开发和技术利用是一个有机的整体，在整个技术创新的过程中不仅要考虑技术开发的规律性和可能性，还要以市场为导向，考虑技术开发的应用价值即技术开发的市场意义。

二、技术创新的分类

从创新主体来看，技术创新者分为内部创新者和外部创新者。内部创新者即企业自身独立完成技术开发并把该技术在自己的企业实践中实施，一般指科研实力比较雄厚的大型企业；而外部创新者是指仅进行技术研发而不直接实施技术应用的高校、科研院所等，外部创新者的创新实现需要和企业协同完成。无论是内部创新还是外部创新都是以产品的市场成功为标志来显示创新的完成的，因此，技术创新的过程总是离不开企业的参与。工艺创新尽管属于过程创新，但其依然以产品在市场中的表现来体现其创新价值，所以在工艺创新的相关研究中仍然以产品为载体来进行研究。

技术许可是指技术拥有者以技术许可契约的方式，有偿地将自己有权处置的某项技术进行许可，受许可方按照许可契约的约定条款来使用该项技术的一种技术扩散方式。

专利许可是技术许可活动中一种常见的许可类型。专利许可是指专利技术所有人或其授权人许可受许可人在一定的期限、一定的地区、以一定的方式实施其所拥有的专利，并向受许可人收取专利使用费用。专利实施许可后，专利所有权仍属于技术许可方，受许可方仅拥有专利技术的实施权即使用权。在许可方和受许可方之间可以以专利实施许可合同的方式相互明确各自的责任和义务。

按照不同的分类标准，专利实施许可也有很多种类型，例如，按照实施时间段来分，分为整个专利有效期实施许可和专利有效期内某一时间段实施许可；按照实施的地区来分，分为境内实施许可和特定地区的实施许可；按照实施的范围分，分为制造许可、使用许可、销售许可及制造、使用、销售全部实施许可四类；按照实施专利的用途来分，分为有一般用途实施许可和特定用途实施许可；按照实施条件来分，分为普遍实施许可、排他实施许可、独占实施许可、分售实施许可和交叉实施许可。

三、本书对技术许可范围的界定

本书研究的技术许可是专利实施许可中按照实施范围分类的第四类许可，即专利技术的制造、使用、销售全部实施许可的技术许可问题。在该专利技术的许可方式中，最常见的就是固定费专利技术许可、产量提成专利技术许可和两步制技术许可。本书研究内部创新者的工艺创新技术的专利技术以哪种方式进行技术扩散的问题，通过对三种或者两种专利技术扩散的方式下的许可方和受许可方以及消费者和社会福利的利润大小进行比较来探究哪种专利技术许可决策更加有利于专利技术创新的社会资源整合，从而提高行业创新水平，并进一步提升社会福利和惠及消费者，以技术创新促进整个社会生产力的发展和整体社会生活水平的提高。

第二节　博弈论

一、博弈论概述

博弈最早源于对象棋、桥牌、赌博等活动的输赢的研究，那时候，人们往往依靠自身的经验来推断或掌握整个博弈的局势，理论支撑很少甚至没有。

1928 年，冯·诺依曼正式提出了博弈论。1944 年，冯·诺依曼与摩根斯坦合作共同编写了一本著作，该书将两人博弈的市场结构延伸到了多人博弈的博弈结构，并开始探讨博弈论在经济领域中的应用问题，奠定了博弈理论的良好基础。

1950~1951 年，约翰·福布斯·纳什（John Forbes Nash, Jr.）为博弈论的一般化奠定了坚实的基础，因为他利用不动点定理证明了博弈中均衡点的存在。从学科分支的角度来讲，博弈论归类于数学理论和方法的范畴，主要用来研究各类具有斗争性或竞争性质的现象，比如激励结构之间的相互影响，此时，通常会先以公式化的形式把激励结构之间的关系呈现出来，再探讨不同的情形下激励结构之间的相互影响问题。博弈的过程中要预测博弈个体的可能行为，并明确表述博弈个体的实际行为，并根据博弈个体的可能行为和实际行为之间的差异，结合参与博弈的双方之间的博弈目标来研究参与博弈的博弈个体的优化策略。也就是说，博弈论是一个活动过程，该过程涉及局中人、行动、信息、策略、收益、均衡和结果等要素。在这些要素中，最基本的要素包括局中人、策略和收益，而博弈的规则则是局中人、行动和结果。在博弈的过程中，博弈双方在一个平等的对局中，每一方都出于在此过程中取胜的目的，会及时依据各自所掌握的对方的策略信息来调整自己的对抗策略。博弈论不仅是一个标准的经济学领域的分析工具，而且在生物学领域、国际关系领域、计算机科学领域甚至政治军事领域等都有着广泛的应用。

运用博弈论进行问题探讨的三个基础是：第一，假定参与博弈的是理性决策主体，是纯粹经济人，都以最大化其自身的利润为决策的依据；第二，假设完全理性是共同知识；第三，假设每个局中人都会对其所处的环境和其他局中人的行为形成正确信念与预期。

二、博弈的要素

局中人：指每个博弈活动中，每一个有决策权的参与者。依据局中人的多少，博弈又分为两人博弈和多人博弈两类，两人博弈即整个博弈过程中只有两个局中人的现象，而三个或三个局中人以上的博弈现象叫多人博弈。

策略：一个局中人在整个博弈过程中采取的一个覆盖整个博弈过程的完整的行动方案，我们叫这个局中人的一个策略。依据博弈中局中人可供选择的行动方案的多少，博弈活动又分为有限博弈和无限博弈。有限博弈即博弈活动中每个局中人的全程方案数是有限的；无限博弈即在整个博弈过程中，每个局中人的策略都是无限的。

得失：得失指一局博弈结束之后的结果。每个局中人的得失，不仅和自己的决策相关而且和局中其他人的决策也有很大的关系。所以，每个局中人的"得失"可用支付（payoff）函数来表示，即某个局中人的得失是所有局中人选择的一组策略的函数。得失也称结果，对于所有博弈参与者来说，博弈活动存在着得失即存在博弈的结果。

均衡：博弈过程中存在均衡，所谓均衡，就是平衡，即相关量在某一取值下，博弈各方都不再改变自己的策略。所谓纳什均衡，就是一个稳定的博弈结果。

三、博弈的类型

（一）合作博弈与非合作博弈

此类博弈分类的标准是依据博弈者之间能否相互约束，即能否签订协议，以此来约束双方的行动。合作博弈是指博弈双方相互在协议许可范围内进行博弈；非合作博弈则是指参与博弈者之间没有具有约束力的协议，相互之间的博弈行为不受具体的约束。

（二）静态博弈和动态博弈

该类博弈分类的标准是博弈行为发生的时间先后序列，当当局者同时选择策略或者当局者不是同时选择策略但先行动的当局者的策略对于后行动的当局者来说是封闭的，也就是说后行动的当局者并不知道先行动的决策者的具体策略是什么，此时的博弈就属于静态博弈。当两决策者一前一后做决策，且后决策者能够知晓先决策者的决策行为，或者后决策者的决策是在前者决策的基础上制定的，此类博弈就叫动态博弈。

（三）完全信息博弈和非完全信息博弈

此类博弈是根据博弈者对局中其他博弈者的信息把握程度来分类的，当博弈者对局中其他人的决策信息如决策特点、偏好、决策函数等了解得比较精准时，我们叫完全信息博弈；反之叫非完全信息博弈。

由于合作博弈的复杂度较高且理论成熟度不高，所以经济学中的博弈常指的是非合作博弈，本书中的博弈主要指的也是非合作博弈。

纳什均衡（Nash Equilibrium）指的是完全信息且静态博弈下的均衡，即对于某一策略组合来说，对于所有的局中人来说，当其他人的策略都不改变的情况下，他此时的策略是最佳的。在纳什均衡点上，每一个理性的局中人都不会单独改变策略。依据上述概念原理，我们把完全信息动态博弈下的均衡状态叫子博弈精炼纳什均衡（Subgame Perfect Nash Equilibrium），把不完全信息静态博弈下的均衡叫贝叶斯纳什均衡（Bayesian Nash Equilibrium），把不完全信息动态博弈下的均衡状态称为精炼贝叶斯均衡（Perfect Bayesian Equilibrium）。

第三节　相关经济模型

一、古诺模型

1838 年，法国经济学家安东尼·奥古斯丁·库尔诺提出了古诺模型（又称古诺双寡头模型或者双寡头模型）。古诺模型是最早的纳什均衡的应用模型，是一个只有两个寡头厂商的简单模型。作为寡头理论分析的始点，古诺模型表述了两个存在竞争而又没有相互协调的厂商的产量决策是如何相互影响的问题。在该模型中，假定在传统产品或者网络产品市场上只存在两个生产厂家，并且两个厂家之间没有任何勾结行为，但依据市场认知，两企业都清楚对方将会采取什么样的决策，因此，两企业都会根据自己利润最大化的原则来确定自己的产量决策。古诺模型又称为双头垄断理论，是研究出售相同产品的两个生产成本为零的寡头厂商的产量决策问题，在该模型中两个厂商都采取相对消极的态度，都会在对方确定的产量基础上决策自己的产品生产数量。古诺均衡即两寡头企业间在无任何勾结活动下纯粹依据市场规律形成的一个均衡状态。而与其相对的是共谋均衡，该均衡则是指两寡头企业通过私下沟通信息从而把握市场整体情况，以共谋的方式联合起来，使各自都获得高于不勾结时的市场收益的状态。古诺模型的结论同样适用于三个或三个以上的寡头厂商的市场情形。

二、伯特兰德模型

伯特兰德模型是 1883 年由约瑟夫·伯特兰德（Joseph Bertrand）建立的。伯特兰德是法国一位非常著名的经济学家，伯特兰德模型是价格竞争模型，是将价格作为厂家之间竞争手段的一种模型。伯特兰德模型的假设包括三点：第一，模型中的各寡头企业之间进行竞争的手段是价格；第二，模型中各寡头企业所生产的产品都是一样的，不存在产品差异；第三，寡头厂商之间不存在串谋行为。

同时，在伯特兰德模型中，当某一寡头企业在做价格决策时，往往默认其他厂商不会因自己价格的改变而改变自己当时的产品定价，且假定 n 个寡头厂商生产的产品边际成本相同、价格不同，且是可完全替代的。伯特兰德模型会导致市场进入完全竞争状态。伯特兰德模型的均衡解为 $P_i = P_j = MC = C_0$，因此，此模型下寡头市场的均衡价格为：$P = MC$，从长期来看，寡头厂商没有经济利润。

三、斯塔克尔伯格模型

1934 年，德国经济学家斯塔克尔伯格（H. Von Stackelberg）提出了一种产量领导模型。该模型反映了企业间不对称的竞争。

一般来说，古诺模型中厂商的决策行为和伯特兰德模型中厂商的决策行为非常具有相似性，这是因为在这两种模型中所有厂商在市场上的地位几乎都是一样的。也就是说，一个厂商的决策依据是不依赖于或者无法依赖另一个竞争性厂商的决策行为的。而在实际的市场上，从把握市场信息的角度来看，不同的厂商确实存在不对称的现象，这种不对称会引起不对称的决策次序。一般来说，实力相对较弱的厂商一般会是后行动者，往往会在实力较强的企业决策之后，依据他们的决策而做出自己企业的最佳决策，这种类型的竞争模型我们称为斯塔克尔伯格模型。

斯塔克尔伯格模型的假定条件是：在一个存在两个寡头厂商的市场上，两个寡头厂商生产相同的产品，在同一个市场上相互竞争，一个厂商是市场领导者，企业实力雄厚，而另一个厂商是市场追随者，实力相对薄弱。在该模型中，每个企业都以产量作为自己的决策变量，也就是说，每个厂商都会以实现自己的利润最大化为目标来确定最优产量，只是决策产量的顺序有所不同，市场领导者首先决定自己的产量，市场追随者再根据领导者的产量决定自己的产量，并参与市场竞争，因此，市场领导者在决定自己的产量时往往也会把自己做出产量决策后其竞争对手的反应因素考虑进去。这种情况可以理解为市场领导者在决策自己的产量时，其实是考虑了跟随者的反应，即市场领导者的决策产量是市场追随者的反应函数，所以，市场领导者所做的产量决策将是一个以自身利润最大化为前提的产量函数，且该函数的约束条件是市场跟随者的反应函数。

第四节　网络外部性

一、网络外部性的概念

网络外部性最早提出时间在 1974 年，Rohlfs（1974）认为网络外部性是需求方规模经济的根源。Katz 和 Shapiro（1985）认为，假如某一产品或者服务随着其消费数量的增加，每个消费者获得的使用效益也会增加，这种现象就叫网络外部性。网络外部性在电信、航空等领域广泛存在，网络外部性可能来自网络自身的系统性、网络内部信息流的交互性以及网络基础设施长期的垄断性等方面。

二、网络外部性的特点

随着新经济的发展，网络外部性这一概念越来越被重视，具有网络外部性的产品的价值会受到网络中使用该产品其他人的数量的影响，即对于具有网络外部性的产品来说，其消费数量的增长将会带动消费效用几何级数的增长。比如消费者购买 office 这一办公软件，随着 office 办公软件使用者的增多，每个用户都可以与更多的使用该软件的用户实现信息共享，从而提高了工作效率，因此，该软件对原有用户的价值也越来越大。随着数字经济的发展，越来越多的数字产品具有网络外部性，如电脑游戏、Java 语言、E-mail、移动网络等。

产品的网络外部性分为直接和间接两大类。当某种产品的单位使用价值随着该产品使用数量的增加而增加时，该效应为直接网络外部效应；当某种产品的互补品的需求量和单位产品价值随着某种产品的使用数量的增加而增加时，此时的效益为间接网络外部效应，如电脑的硬件和软件产品之间就存在间接网络外部效应。

网络用户从具有网络外部性的产品那里获得的产品价值包括"自有价值"和"协同价值"两个部分。"自有价值"即产品作为商品本身所拥有的效用功能；"协同价值"是指随着新用户的加入，在网络外部性的作用下，产品本身价值增加从而使老用户在不增加任何购买成本的情况下获得的额外价值。"协同价值"展示了网络外部性的经济本质。网络产品的价值取决于三个条件：一是网络规模的大小，即网络节点数的多少；二是网络关联度的强弱，也就是网络节点之间联系频度的高低；三是网络标准，即产品本身能否成为整个行业的标准产品，成为行业标准的产品能够更加友好地和其他同行产品兼容，产品越接近标准产品，其与其他产品兼容性越大，相应地，其网络外部性也就越大。

第五节　最优控制理论

一、最优控制论的概念

最优控制论属于从一切可能的控制方案中寻找最优解的学科，主要研究控制系统怎样才能达到最优的性能指标的过程。1948 年维纳在自己的论文中首次提出了控制这一概念，奠定了最优控制论的理论基础。

最优控制论的研究对象大量存在于技术领域或社会问题中，主要针对某个受控的运动过程，即为达到整个系统效果的最佳而从多个方案中找出最佳的控制方案的过程。该过程的实现往往通过构建函数来实现，该函数往往有两个：一个是控制函数；另一个是性能指标函数。其中，性能指标函数以运动状态作为自变量，通过对其求极大值或者求极小值的方法，结合控制函数就能找到最佳的控制指标。性能指标是优还是劣与两个方面有关：一是控制函数的选择；二是性能指标所在的运动过程。

二、最优控制论的实现方法

最优控制通常以最优化技术来实现，使用最优化技术求解最优控制问题时首先要将最优化问题表示为数学模型，其次再根据数学模型求出其最优解。而最常用的求解方法为解析法，因为大部分最优控制问题的性能指标函数和一般约束条件大都可以表达成简单又非常明确的数学公式。一般来说，最优控制论的实现方法是根据求函数极值的必要条件先求出其解析值，接着再结合充分条件来确定最佳的解析值。

解析法求解最优控制问题包括两大类：一类是无约束条件的最优解问题，此时通常采用微分法或变分法求解；另一类是有约束条件的最优控制问题，此时通常采取极大值原理或动态规划来求解。具体步骤为：首先求出最优控制的必要条件，此处可以用求导方法或变分法，其次得到一组方程或不等式，最后求解这组方程或不等式，即可以得到最优控制的解析解，该值即为最优控制值。

第三章 基于关键词网络的技术许可知识结构分析

由于本书主要研究的是内部创新企业工艺技术许可决策的问题，所以本章笔者把当前技术许可相关领域的研究文献的知识结构的总体状况以及当前的研究热点和研究方向进行一个系统的梳理和分析，以更加明确技术许可领域当前的总体研究态势。本章用文献计量法对科学数据库中有关技术许可的 5665 篇期刊论文和书籍章节文献进行了详细分类阐述，并进行了聚类分析。根据技术许可知识的现有研究点的分布，找出当前技术许可领域鲜有研究或者研究量较少的模块，并以此为基础对有关技术许可领域研究的不足进行了剖析，并结合聚类分析的结果指出了未来的研究方向。具体研究思路如下：

本章使用 k-core 方法把与技术许可相关的整个研究网络的文献分解为四个层次，并通过 MDS 来分成四个部分。在分析研究文献的层次结构的基础上，解释了不同部分之间的关系，并通过智能地图，定量分析了各层次的重要组成部分和层与层之间的相互联系，从而对技术许可相关研究领域未来的研究方向进行了科学的预测。

通过本章的研究我们发现，技术许可相关的研究文献从研究趋势上来看，未来以下两个方面的内容将是非常有研究空间的：部分的单一许可问题和整个交叉许可领域的技术许可问题。单一许可问题即两家相互竞争的企业，其中具有创新技术的企业许可其技术给另一方不具有此创新技术的企业的许可问题；而交叉许可是指两家相互竞争的企业，一方拥有成本降低性工艺创新，另一方拥有质量改进性技术创新，两者之间相互将自己的技术许可给对方。从文献的梳理结论来看，单一许可问题较新的研究方向包括专利中间商的问题、跨领域的联合技术的技术许可问题、针对平台企业的技术许可问题，相比成本降低性的技术许可，更加侧重质量改进性的技术许可，以及更加侧重动态博弈的技术许可的问题等。相比单一许可的问题，对于交叉许可的问题当前研究得较少，所以整个交叉许可领域的研究文献普遍较少，并且研究深度欠缺，这也给我们后人的研究留下了较大的空间。

本书主要是针对侧重质量改进性工艺创新技术的单一技术许可问题以及成本降低性创新技术和质量改进性创新技术的交叉许可问题进行研究。

其中第四、第五、第六章主要研究的是技术许可研究方向中的单一技术许可中的侧重质量改进性技术的许可决策问题。第七章主要研究的技术许可未来研究方向中的成本降低性技术和质量改进性技术的交叉许可问题。对单一技术许可问题中的侧重质量改进性的创新技术许可选择了三个研究视角：第一个是研究纯粹的质量改进性工艺创新技术的最优许可策略选择问题；第二个是研究具有网络外部性的企业的质量改进性创新技术在研发结局不确定情形下的最佳技术许可决策选择问题；第三个是研究混合竞争模式（Cournot-Bertrand 和 Bertrand-Cournot）下的质量改进性创新技术的许可策略选择问题。本章区别于已有研究的地方就是考虑了上游供应商的决策对下游企业技术许可策略的影响，同时也分析了下游两企业实施混合竞争时两企业的不同许可策略（固定费许可和单位产量提成许可）对上游供应商批发价格决策的影响。

由于时间有限，同时考虑到市场实际，本书只针对交叉许可的固定费许可的情形进行了探讨。研究在存在相互竞争的两家创新企业的市场上，一家企业拥有成本降低性创新技术，另一家企业拥有质量改进性创新技术，在 Bertrand 竞争模式下两家企业分别是如何进行许可决策的，研究分以下四种情形来讨论：①企业 1 和企业 2 均不接受技术许可的情形；②企业 1 许可但企业 2 不许可的情形；③企业 2 许可但企业 1 不许可的情形；④企业 1 和企业 2 均进行许可即交叉许可的情形。分别研究了四种情形下的固定费许可发生的条件。

第一节　基于文献计量法的技术许可相关研究概述

随着经济的快速发展和竞争的加剧，企业在认识到技术创新和专利保护的优点后，才意识到只有拥有独特的技术才能生存下来。由于在新产品设计过程中，企业投入了大量资金，研究人员把重点放在许可技术本身和技术的商业化上，以平衡开支。技术许可作为技术转让的一种形式，许可方通过签订契约的方式在获取一定的许可费用的情况下允许受许可方使用其技术。依据这一定义，许多研究者对技术许可问题进行了研究，这些研究主要集中在对固定费许可、产量提成许可和两部制许可的专利技术许可策略的选择上。有些学者从成本降低性技术许可和质量改进性技术许可这一角度研究技术许可策略。此外，大量的关于技术许可的文献也开始关注市场信息结构（Hong et al.，2021；Choi，2001）、网络外部性

（Zhao et al.，2014）、竞争（Erkal，2005）、信息结构（Poddar and Sinha，2004；Crama et al.，2008）和企业讨价还价能力（Tombak，2003）等方面的内容。从当前文献情况来看，很少有学者把技术创新的过程划分为几个阶段，研究不同的创新阶段内创新企业之间的关系问题。总之，在技术许可相关的文献中，大量的文献都考虑到了社会问题，并结合不同领域的理论对技术许可问题进行了研究。然而，到目前为止，还鲜有文章整合当前技术许可相关的研究成果。本书将通过映射有关技术许可的知识结构来推测未来有关技术许可的研究趋势和方向。

本章采用文献计量学和网络系统结构相结合的方法来研究技术许可的问题。Zhao 和 Zhang（2011）采取 SNA 与文献计量相结合的方式，运用 K-核算法，即基于节点度和 MDS 来确定节点位置的方法分析了数字图书馆的数据问题，并给出了数字图书馆的智能结构图。Zhang 等（2014）用同样的方法分析了创造力的研究路径。

在这些研究中，研究人员的关注点主要集中在基于关键词聚类分析的知识结构映射上。然而，Corbett 和 Anderson（1995）指出，概念之间的层次关系和内容关系一样重要。Nguyen 和 Chowdhury（2013）进一步证明了智能地图的层次结构更为全面，可以表现出学科的演进过程。接着，伴随着 k-Core 算法可以作为一种分解网络结构的方法（Carmi et al.，2007；Alvarez-Hamelin et al.，2013），一系列的研究方法被用来分析网络分层结构的问题（Alvarez-Hamelin et al.，2005；Clauset et al.，2008；Carmi et al.，2007）。Chen 和 Xiao（2016）利用这一技术将数字图书馆的整个网络分为四个部分来探讨其主题层次。但是，没有文章同时解释层次结构和内容链接问题。因此，我们打算使用 k-Core 算法把技术许可相关的整个研究网络分解为四个层次，并通过 MDS 来分成四个部分。不同于前面提及的文献，我们不仅分析了研究文献的层次结构，而且解释了不同部分之间的关系，通过智能地图，定量地了解了各层次的重要组成部分和相互联系，并对未来的研究方向进行了科学预测。

本章研究的贡献主要在于确定了技术许可的层次结构，确定了技术许可的研究重点，具体如下：

（1）本章回顾了大量有影响力的文献，通过对技术许可研究领域进行详尽的总结分析，勾画了一幅完整的技术许可知识地图，并分析了其发展趋势，以填补基于技术许可的相关知识结构地图这一研究领域的不足。

（2）采用了一种新的方法，综合使用 k-Core 算法和 MDS 方法来实现内容分析和层次分析。不同于已有文献，本章通过 SNA 方法对技术许可相关的知识结构进行了定量分析，使技术许可相关研究文献之间的关系更加可视化。

（3）本章采用定量研究的方法对技术许可知识地图进行了科学的模块划分，并解释了当前文献之间的关系，同时对技术许可研究领域未来的研究趋势进行了预测。

第二节　技术许可文献数据的筛选

本部分的数据主要来自科学数据库，科学数据库是一个覆盖多个学科领域、收录了具有较大影响力的世界学术期刊的数据库，该数据库可以查到从 1900 年至今的几乎所有高水平期刊的论文数据。其中，大家熟知的 SCI、SSCI、A&HCI 都属于该数据库的信息。除此之外，Chemical Reactions 和 Index Chemicus 这两个化学信息数据库和会议论文集也属于本库的内容，该数据库详细全面的信息大大方便了我们的学习研究。

大家都知道，在浩如烟海的数据信息库里，要想找到适合自己的文献，一个重要的抓手是关键词，抓住关键词就相当于抓住了文献的核心观点以及核心研究内容。为了客观全面地探讨技术许可研究范式的空间结构，我们首先要对数据库（Web of Science）中针对技术许可研究的文献数据进行筛选和提取。具体方法如下：首先，打开科学数据库的首页，在 "topics" 中键入 "technology licening"，在 "year published" 中键入 "2005—2016"，这样 5665 篇有关技术许可的期刊论文和书籍章节完全被抽象出来；其次，我们下载这些文献的完整的出版数据，包括期刊名称、出版社的具体信息、作者信息、期刊的周期、文章所在期刊的具体顺序、出版时间、具体内容的页码、主要关键词、摘要、被引频次、被引用情况等，并保存成纯文本格式；最后，通过 Note Express 2.0 来对这些文本进行系统的整理。在整理分析时，先把完整的文本文献导入 Note Express 2.0，因为我们倾向于说明研究现状及构建共生矩阵，所以淘汰掉 846 篇没有关键词或噪声较大的文本，如会议通知、新闻报道等。此外，论文的质量可以通过引用次数来衡量，它反映了所收集的论文和书籍的影响力。低引用率的、低质量的论文和书籍可能会影响研究结果（Khan and Ho，2012），当然，最近发表的论文和书籍也可能因为新出版而有很低的引用率。因此，我们通过 Note Express 2.0 的统计功能先统计出筛选之后的文献的关键词及相应文献的引用频率，并排除 2013 年以前引文率低于 1 的 1058 篇期刊论文和书籍，则得出 2005～2016 年十年间技术许可相关研究文献数量分布描述如图 3-1 所示，横轴表示年份，纵轴表示文献的数量。

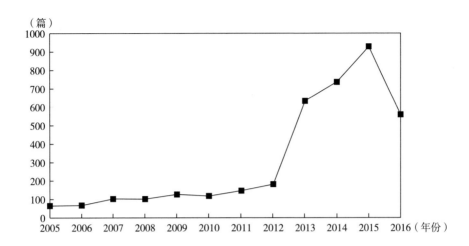

图 3-1　技术许可相关文献的出版量趋势

由于不同的作者可能用不同的词语来表达相同的意思，我们把这些词语合并成一定的标准形式，重新计算频率。对基于词语相似度的关键词进行排序，得到12293 个关键词，所有关键词出现的频率为 18842，表明这些研究论文全面而广泛。在这些关键词中，关键词的频率最高的为 200，最低为 1，然后我们再选择出现频率不少于 9 次（见表 3-1）的前 106 个关键词来构建共生矩阵。

表 3-1　频率不少于 9 的前 106 个高频关键词（步骤≥10）

排序	关键词	频率
1	Cognitive Radio（CR）	200
2	Licensing	145
3	Technology Transfer	104
4	Innovation	89
5	Patent	79
6	Carbon Capture and Storage（CCS）	69
7	Cognitive Radio Network（CRN）	62
8	Technology	57
9	Spectrum Sensing	55
10	Technology licensing	51
11	Vaccine	39
12	Safety	38
13	Intellectual Property（IP）	38

续表

排序	关键词	频率
14	Dynamic Spectrum Access（DSA）	37
15	China	32
16	Information and Communication Technology（ICT）	31
17	CO_2（carbon dioxide）	31
18	Spectrum sharing	30
19	Optimization	29
20	Cloud Computing	29
21	Carbon capture	29
22	Simulation	27
23	Regulation	27
24	University	23
25	Sustainability	23
26	Patent licensing	23
27	Open innovation	23
28	Education	23
29	R&D	22
30	Royalty	21
31	Entrepreneurship	21
32	Energy Detection	21
33	E-learning	21
34	Concentrated Solar Power（CSP）	21
35	Renewable energy	20
36	Game Theory	20
37	Energy efficiency	20
38	Commercialization	20
39	Collaboration	19
40	Smart Grid（SG）	18
41	Open source	18
42	license plate recognition	18
43	Intellectual Property Rights（IPRs）	18
44	Imaging	18
45	Geographic Information Systems（GIS）	18
46	Climate change	18
47	Monitoring	17

续表

排序	关键词	频率
48	Decision making	17
49	Clinical trial	17
50	Wi-Fi	16
51	Solar	16
52	Policy	16
53	Market for technology	16
54	Internet	16
55	Design	16
56	Biotechnology	16
57	Radio Frequency Identification（RFID）	15
58	Higher Education	15
59	Standardization	14
60	Energy	14
61	Case study	14
62	Biomass	14
63	Big data	14
64	Small and medium sized firms	13
65	Interference	13
66	Information technology	13
67	Influenza	13
68	Wireless LAN（WLAN）	12
69	Wireless communication	12
70	University technology transfer	12
71	Technological innovation	12
72	Standard	12
73	Spectrum management	12
74	Spectroscopy	12
75	Routing	12
76	Reliability	12
77	Performance	12
78	Next-generation sequencing	12
79	Life cycle assessment	12
80	Free Space Optical（FSO）	12
81	Development	12

续表

排序	关键词	频率
82	Wireless Sensor Network（WSN）	11
83	Welfare	11
84	Post combustion	11
85	Knowledge	11
86	Economics	11
87	Developing country	11
88	Cooperative Spectrum Sensing	11
89	Three Dimensional Printing	10
90	Technology acceptance	10
91	Knowledge management	10
92	Integration	10
93	Evaluation	10
94	Construction	10
95	Coexistence	10
96	Business model	10
97	Automation	10
98	Absorptive capacity	10
99	Carbon storage	10
100	Technology commercialization	9
101	Survey	9
102	Manufacture	9
103	Governance	9
104	Copyright	9
105	Communication	9
106	Cluster	9

第三节　技术许可知识结构地图构建的方法

一、社会网络分析和 K-核分析

20 世纪 60 年代，社会学家 Harison White 首次提出了社会网络分析（Social Networks Analysis，SNA），后来，由于一些专家在数学领域开始运用该研究方法，该方法成了数学领域研究分析方法的一种。当前，在信息科学中应用 SNA 研究网络相关问题的文献越来越多，SNA 不仅能反映文献基本信息，如标题、关键词、作者等之间的关系，而且可以反映信息之间是如何连接在一起的，还可以反映每一个关键信息点在整个网络中的分布状况。

我们将会用 SNA 来探讨技术许可研究文献的关键词网络。在 SNA 中，社会结构是一个关系模型，该模型可以反映社会行动者之间存在的实际的或潜在的关系。所以，网络中的子结构更能反映某些社会行动者之间的关系。K-核分析是基于 SNA 节点度用于分析凝聚子群的常用方法。当一个子图中每一个节点和其他节点之间的连接都大于 K 个时，此时的子图就称为 K-核子图，即当 $n_i \in Ns$ 满足 $ds(i) \geq k$ 时，其中，$n_i (i = 1, 2, 3, \cdots)$ 表示子图中的节点，$ds(i)$ 表示和节点 i 直接相连的节点的个数。在引文分析、知识地图分析以及范式研究中经常会用到 K-核分析。在本部分，对于技术许可研究领域，我们用 K-核方法来分析其关键词的网络构成。

二、针对数据库内容分析的共词分析

共生矩阵已被广泛用于图书馆、信息科学和科学计量学等领域（Callon et al.，1991；Coulter et al.，1998；Zhao and Zhang，2011；Liu et al.，2012；Zhang et al.，2014；Hu and Zhang，2015；Khasseh et al.，2017）。共同出现的关键词暗示着论文之间的紧密联系或细微联系，表明了某一特定领域或学科的研究热点。因此，我们采用共生分析来搜索基于所列出关键字的构成要素，并仔细检查每一对选择的关键词生成共生矩阵（见表 3-1）。

基于数据库内容的共词分析，主要集中在对文献的具体内容分析上，是一种内容分析方法，此时共词分析的前提条件是关键词充分代表了其所属文献的核心内容。它主要通过对一组关键词在同一篇文章中出现的次数进行两两统计，并据此进行聚类分析，根据聚类分析的结果来反映关键词之间的亲疏关系，从而通过一套结构图来呈现某一学科或者某一主题的研究结构及变化趋势。基于数据库内容的共词分析需要以下三步：第一，从选定数据库中找出关键词或者文献主题词；第二，设定关键词或文献主题词的阈值，依据阈值筛选出高频率的关键词；第三，通过对选定的每对词语计算其在同一篇文章中出现的频数，依据频数构建共词矩阵，共同分析可以寻找一个目标学科的研究范式。

利用共生关键词矩阵来度量论文之间的联系，利用贝叶斯网络对某一学科的知识结构进行可视化和分解。在本部分中，我们使用 K-核分析对关键词网络进行划分，并使用集中度来比较不同的子群。当所有节点都至少有 K 个连接时，我们称该子图 G 为 K-核。K-核不一定总是高内聚图，但它可以表示一些意想不到的、有价值的信息。Carmi 等（2007）介绍了一种通用的方法，将整个网络划分为类似贝壳的 41 k-shells，再以浸渗理论为基础对类似的贝壳分成一组，最终将整个网络的文献分成三个亚群。Chen 和 Xiao（2016）首先将网络分解成六个贝壳，其次根据密度和聚类系数合并贝壳，最后将网络分为四个层次。基于他们的研究，我们利用 k-核解析和密度聚类系数分析关键词网络，以发现其层次结构和内容上的区别。

三、多维尺度分析

多维尺度（Multi-Dimensional Scaling，MDS）分析是一种多元统计分析方法，该方法通过对被测物体之间的距离进行测量来推测数据之间的结构。MDS 所分析的对象的分布通常是点状形式，对象之间的相似程度通过点与点之间的位置来呈现，聚集在一起的点表示较高的相似程度，这个点即可形成一个类别。一个点的重要程度可以通过该点在整个网络的位置来判断，通常越是位于网络中心位置的点，其在整个网络中的地位就越重要。

MDS 分析包括量纲式 MDS、非量纲式 MDS 两大类。量纲式 MDS 的分析对象是被测物体之间的实际相对距离，目的是确定坐标点，而非量纲式 MDS 的分析对象是来自顺序量表的部分数据，目的是使点间的距离基本等同于现实距离。本部分内容，我们将利用非量纲式 MDS 来分析技术许可相关领域的研究主题。

第四节　技术许可领域关键词数据分析

从表3-1来看，频率最高的术语是"无线认知"，这有些出人意料。然而，高频只是表明了它是研究者的焦点，但不能表明节点的重要性。Otte 和 Rousseau（2002）采用中介中心性来评价行动者的影响并且决定整个网络的中心。

因此，我们用包括度数中心性和中介中心性在内的中心性措施来评价节点的意义。中介中心性指的是通过一个给定节点的最短路径的数量。用数学公式来表示，节点 i 的中介中心可以定义为：

$$B(i) = \sum_{j,k}^{n} \frac{g_{ijk}}{g_{jk}} \quad (j, k \neq i) \tag{3-1}$$

其中，g_{ijk} 表示从节点 j 到节点 k 的最短路线的条数，g_{jk} 表示通过一个固定节点 i 的从节点 j 到节点 k 的最短路线的数量，整个网络中的节点数用 n 来表示。

较高的路线数可能表示该节点具有较高的中心性，并且该节点有能力促进网络的流向。度数中心性可以定义为：

$$D(i) = \sum_{j}^{n} m_{ij} \quad (j \neq i) \tag{3-2}$$

$$m_{ij} = 0, \ 1$$

假设在节点 j 和节点 i 之间有一个连接的话，则 $m_{ij}=1$；假设节点 j 和节点 i 之间没有联系的话，则 $m_{ij}=0$。整个网络中的节点数用 n 来表示，一个较高的节点数意味着节点 i 和更多的节点有联系，其对整个网络有较大的影响。

通过计算，尽管"无线认知"的频率最高，但是"许可"拥有最高的中介中心性和中介中心度（见表 3-2），这表明这些关键词的核心是"许可"，研究结论与研究主题一致。这种现象可能是由两个原因引起的：第一，广泛的系列参考文献导致了关于"认知无线电"的集中性；第二，授权用户与非授权用户的许可行为在频谱内的许可行为是与核心话题相一致的"认知无线电"的主要研究领域。

表 3-2 节点属性（片段）

行动者	中介中心性	度数中心性
Licensing	581.534	38
Technology	545.643	31
Innovation	378.343	34
Optimization	347.860	19
Simulation	342.626	16
Carbon Capture and Storage（CCS）	291.057	19
Cognitive Radio	280.294	23
Patent	230.663	30
Intellectual Property（IP）	229.963	25

根据前面的 106 个高频关键词（见表 3-1）的共现情况，我们用 UCINET 6.0 软件来构建一个关键词之间的共生矩阵 M（见表 3-3），其中 $M \in R106 \times 106$。M 是一个 1-模网络矩阵，矩阵是由每对关键字同时出现在同一篇文章中的频数数据构成的，位于矩阵对角线上的数据由于表示的是同一个关键词同时出现在同一篇文章中的频数，所以删除，从而我们构建一个共生关键词矩阵（见表 3-3）并输入 UCINET 映射网络矩阵。

表 3-3　关键词共生矩阵（节选）

	CR	Licensing	TT	Innovation	Patent	CCS	CRN	technology
CR		0	0	0	0	0	5	0
Licensing	0		21	24	36	0	0	5
TT	0	21		8	7	0	0	0
Innovation	0	24	8		16	1	0	4
Patent	0	36	7	16		0	0	1
CCS	0	0	0	1	0		0	0
CRN	5	0	0	0	0	0		0
technology	0	5	0	4	1	0	0	

注：我们用缩写代替一些术语。CR 代表认知无线电；CRN 代表认知无线电网络；CCS 代表碳捕获和储存；TT 代表技术转让。

为了找出研究的分类和发展路径，我们先找出关键词网络中的关键字度，即通过软件 UCINET 6.0 对关键词共现矩阵 M 进行 K-核分析，此外，利用 MDS 可以观察到这 106 个关键词在整个关键词网络中的空间位置，再通过软件 NetDraw 可视化关键词网络，如图 3-2 所示。

首先，我们使用非度量 MDS 和 k-core 分析来确定节点的位置。其次，整个网络被分为用不同形式表示的 8 个 k-shells，然后根据聚类系数和网络密度将这些壳合并成四个分量（见表 3-4）。我们提取了网络的层次结构，并对四个组件进行了标注。最内层是核，它包含 13 个节点；第二层和第三层分别称为中间层和细节层，几乎包含所有的节点。同时，由于聚类系数和最外层的密度几乎为零，所以我们主要集中在前三层。最后，将节点划分为四个部分，分别用不同的颜色表示。

表 3-4　每个 k-shell 的聚类系数和密度

指数	聚类系数	密度
8	4.663	3.731
7	5.703	1.692
6	0.889	0.256
5	1.143	0.231
4	0.000	0.051
3	0.000	0.013
2	0.000	0.000
1	0.000	0.026

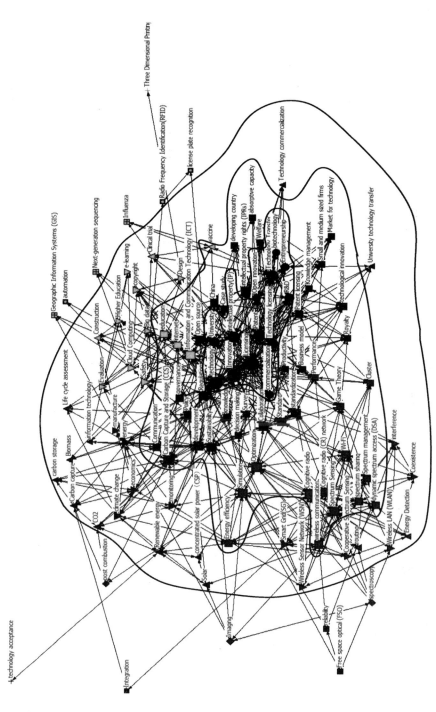

图 3-2 关于技术许可研究的 K-核和 MDS 关键词网络结果

注：圆圈代表 8 个 K-核的节点；正方形代表 7 个 K-核的节点；正三角形代表 6 个 K-核的节点；倒三角形代表 5 个 K-核的节点；钻石代表 5 个 K-核的节点；的节点；立体箱代表 3 个 K-核的节点；正方形框中含圆形代表 2 个 K-核的节点；加号代表 1 个 K-核的节点。

　　最内层是整个网络的核心，它是主要集中在与企业和商业活动中的专利技术许可相关的研究领域的网络。中间层和细节层相似，都分为四个子域，包括基础理论子域、频谱许可子域、环境子域以及教育技术子域。而频谱许可子域通过博弈论、集群、优化和模拟等关键词与其他部分连接。这说明认知无线与其他部分的区别较大，它是通过研究方法而与核心层相关联的。至于细节层，将近2/3的关键词集中在环境和教育技术子领域，而只有2个关键词包含在基础子领域，暗示着细节层对于核心研究的影响比较小。在边缘层，节点分布分散，其中一些节点远离中心。为了更加清晰，所有这些词的分类具体见表3-5。

表3-5　位于不同层的不同类型内容的节点数

层次	类型	关键词	数量
核心层	基本理论	Licensing、Technology Transfer、Innovation、Patent、Technology licensing、intellectual property（IP）、Open innovation、R&D、Entrepreneurship、commercialization、biotechnology、University、technology	13
中间层	基础理论	Open source、China、Case study、developing country、Intellectual Property Rights（IPRs）、absorptive capacity、Welfare、Patent licensing、Knowledge management、Small and medium sized firms、Market for technology、technological innovation、Royalty、Performance、Business model、Productivity、standardization、Standard、Collaboration、Survey、decision making、knowledge、Regulation	23
	频谱许可	Cluster、Game theory、Cognitive radio、wireless communication、Cognitive Radio（CR）network、Spectrum Sensing、Wi-Fi、spectrum sharing、Dynamic Spectrum Access（DSA）、Energy efficiency、Optimization、Simulation	12
	环境	Communication、Carbon Capture and Storage（CCS）、Governance、Policy、Development、Sustainability	6
	教育技术	education、internet、Information and Communication Technology（ICT）	3
细节层	基础理论	Technology commercialization、University technology transfer	2
	频谱许可	Cooperative Spectrum Sensing、routing、Wireless LAN（WLAN）、Energy Detection、Coexistence、interference、Wireless Sensor Network（WSN）、Smart Grid（SG）	8
	环境	Solar、Concentrated Solar Power（CSP）、Monitoring、Renewable energy、Economics、Climate change、CO$_2$、Carbon capture、Carbon storage、Biomass、Information technology、Manufacture、Energy、Life cycle assessment	14
	教育技术	Evaluation、Safety、Cloud Computing、Construction、Higher education、Big data、copyright、E-learning、Clinical trial、Design、vaccine	11
边缘层	频谱许可	Imaging、Reliability、Free Space Optical（FSO）、Spectroscopy	4
	环境	Integration、Technology acceptance、Post combustion	3
	教育技术	Geographic Information Systems（GIS）、Automation、Next-generation sequencing、Influenza、Radio Frequency Identification（RFID）、License plate recognition、Three Dimensional printing	7

第五节　技术许可领域关键词网络分析

在这一部分中，我们将对研究结论进行细化描述，分析不同层次和部分之间的联系，以获得技术许可的研究核心和研究点的演变。

一、关键词网络的层次划分

关键词网络主要分为三层：核心层、中间层、细节层。每一层的节点不仅受同一部分行动者的影响，而且受不同层内节点的影响，不同层次之间的联系如下：

（一）核心层

核心层也叫最内层，是整个关键词网络的核心。它包含许可证、技术转让、创新、专利、技术许可、知识产权、开放创新、研发、创业、商业化、生物技术、大学、技术共 13 个关键词。从关键词涵盖的领域来看，它是主要集中在与企业和商业活动中的专利技术许可相关的研究领域，也是技术许可相关的基础研究领域。

（二）中间层

中间层紧挨着核心层，中间层覆盖的关键词范围相对较广，可以分为四个子域：基础理论子域、频谱许可子域、环境子域、教育和技术子域。主要集中在基础理论子域和频谱许可子域，其中基础理论子域包括 23 个关键词，如资源开放、中国、案例研究、发展中国家、知识产权（知识产权）、吸收能力、福利、专利许可、知识管理、中小企业、技术市场、技术创新、版税、业绩评估、商业模式、生产力、规范、标准、协作、调查、决策、知识、调节。而频谱许可子域包括 12 个关键词，包括聚类、博弈论、认知无线电、无线通信、认知无线电网络、频谱感知、Wi-Fi、频谱共享、动态频谱接入（DSA）、能量效率、优化、仿真。环境子域的关键词有 8 个，包括通信、碳捕获和储存（CCS）、治理、政策、发展、可持续性教育、因特网、信息和通信技术（信通技术）。教育和技术子域仅包括 3 个关键词，分别是教育、互联网、信息和通信技术。

（三）细节层

细节层分布分散，但也可分为基础理论子域、频谱许可子域、环境子域、教育和技术子域四个子域。从子域的分布来看，细节层主要以环境和教育技术子域的关键词最多，分别占整个层的关键词的 40% 和 31%。环境子域的关键词共 14 个，包括太阳能、集中太阳能（CSP）、监测、可再生能源、经济、气候变化、二氧化碳、碳捕获、碳储存、生物量、信息技术、制造、能源、生命周期评估。教育技术子域共有 11 个关键词，包括评估、安全、云计算、建设、高等教育、大数据、版权、电子学习、临床试验、设计、疫苗。

频谱许可子域包括 8 个关键词，分别是协同光谱传感、路由、无线局域网（WLAN）、能量检测、共存、干扰、无线传感器网络（WSN）、智能电网（SG），主要是与"认知无线电"相关的一系列技术相关的关键词，而基础理论子域中只有两个术语"大学技术转移"和"技术商业化"。

二、关键词网络的层与层之间的联系

（一）核心层与中间层之间的联系

从图 3-3 可以看出，中间层中直接与核心层相连的节点几乎全部属于基础理论子域。其中，福利、合作和中国与核心层有最多的联系，这意味着研究者关注技术许可对社会福利的影响。除此以外，几乎所有中间层的节点都与技术、许可、专利和创新这几个关键词有联系，并且这些节点分布均匀，与核心节点接近，这说明基础理论子域是整个关键词网络的主要组成部分。这些观察结果与核心层和中间层之间的知识结构相一致。

虽然频谱许可子领域在中间层有大量的节点，但是频谱许可子域的几乎所有节点都通过"博弈论"这一术语连接，这表明以博弈论的方法来研究频谱许可问题是一个新的研究领域。从核心层和中间层的映射来看（见图 3-3），无线认知的频度最高，但它却没有与核的直接联系。这表明，频谱许可子领域的节点虽然具有一个高的聚类系数，但与其他领域的联系并不紧密。

对于环境子域来说，为了持续创新和开发新技术，它强调"治理"和"沟通"的功能，"政策""治理与技术""知识产权（IP）"和"许可"产生了很多联系。这表明技术许可和知识产权保护应该得到政府的支持和监督，政府应该采取一些努力来推动技术创新，并为研究提供资金支持（Radgen et al.，2013）。可持续的技术开发如"碳捕获和储存（CCS）"，单靠个人无法完成，它需要与其他人的"沟通"来完成。

至于教育和技术子域，只有三个节点。"教育"相对来说是一个重要的节点，它有四个相邻的核心节点，即"技术""创新""专利"和"大学"，"互联网"只与"技术"相连，"信息和通信技术"与"许可""技术""大学"相连，与第四个子域最为密切联系的节点是核中的"技术"和"大学"。

（二）细节层与中间层之间的联系

在整个细节层中只有两个术语"大学技术转移"和"技术商品化"在基础理论子域中，并且这两个节点与其他子域没有连接，这意味着这两个节点直接来自中间层和核心层，并且没有中介功能，如图 3-4 所示。

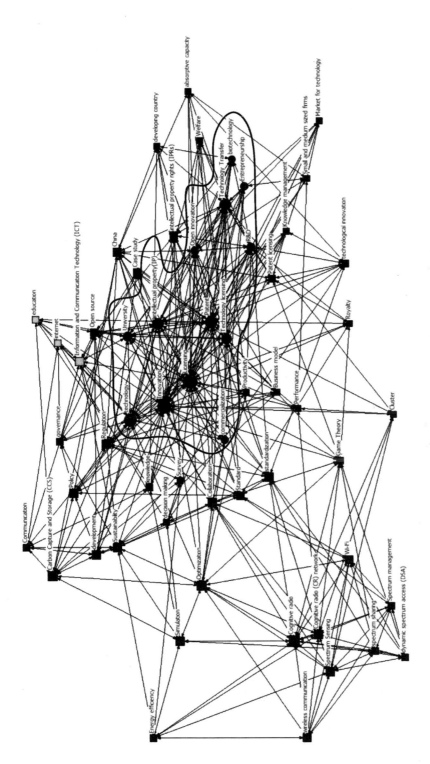

图 3-3 核心层和中间层的关键词

注：图中间及右边各节点代表基础理论子领域，下方及左边各节点代表频谱许可子领域，左上各节点代表环境政策子领域，右边上方三个节点代表教育科技术领域。

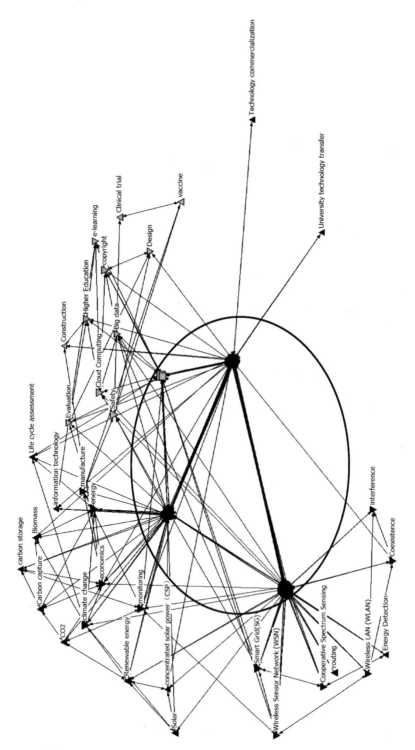

图 3-4　中间层和细节层的关键词

注：右边图形和三角形 3 个节点代表基础理论子域，下方 10 个节点代表频谱许可子域，左边 15 个节点代表环境政策子域，上方 12 个节点代表教育和技术子域。圆的里面代表中间层，圆的外面表示细节层。

在频谱感知子域，主要是与"认知无线电"的一系列技术相关的关键词，这些技术是基于诸如"频谱感知"等传统技术开发的，与中间层的节点相似，这些细节层中的关键词只有"干扰"一词与核层中的"许可"产生了联系，其他都没有直接的联系。

在环境子域，其节点大部分也集中在细节层里，如"二氧化碳"和"碳储存"来源于"碳捕获和储存"（CCS）。同时，在"政策"和"可持续性"的共同影响下，"太阳能"和"生物质能"等可再生能源在文献中被多次提到。同样，"制造"与"经济"的出现是由"发展"与"治理"相互作用决定的，在该子领域，"能量"具有最高频度，并与中间层的其他三个子域的所有节点相联系。

同样，细节层中的教育和技术节点也来自中间层，"云计算"和"大数据"是各个研究领域的热门话题，它们与本领域中的"Internet"有着密切的联系，显然，"大学"作为沟通与传播"知识"的主要场所，对激进的创新至关重要，因此，有一大批研究人员集中在对"高等教育"和"电子学习"的研究上，另外，"版权"作为核心词之一与处于中间层的第四个子领域的所有节点相连。

三、技术许可的相关文献研究

总体上来说，技术许可文献分为四个部分：基础理论部分、频谱许可部分、环境政策部分、教育技术部分。

（一）技术许可的基础理论研究现状

技术许可不仅是技术扩散的路径，也是技术"商业化"的过程。基本上，技术授权者也是创新者，可以分为外部创新者和内部创新者，外部创新者不会制造最终产品也不参与市场竞争，而内部创新者可能进入市场。外部创新者很多，如研发公司、大学，他们通过实现"技术转让"来获取利润，并以此作为进一步研究和增强社会福利的资金支持（Choi，2001；Sen，2005；Macho-Stadler et al.，2008；Crama et al.，2008；Savva and Taneri，2015；Allain et al.，2016）。与外部创新者相比，内部创新者期望成为市场领导者，占领市场，在许可收入之外获得垄断利润（Gallini，1984；Gallini and Winter，1985；Kumar and Turnbull，2008；Eral et al.，2013；Xiao and Xu，2012；Bhattacharya et al.，2015；Crama et al.，2016）。

无论是什么类型的创新，研发机构都应该选择最佳的许可策略，包括免费、专利费、固定费、股权和两部制的关税，以提高"技术市场"的效率。在技术市场上，如果有非排他性合同，许可人可以将技术转让给其他受许可人。因此，在网络效应下，这项技术更有可能成为主导标准，这可能会阻碍潜在的竞争对手创新性的替代技术。然而，随着技术溢出和竞争逐渐激烈，先行者的技术优势将被削弱。

因此，通过"开放式创新"和研发公司与制造商之间的"合作"来保持技术的持续升级是至关重要的。合作企业应当签订合同决定控制权的归属和选择适当的合作模式，如谈判和期权合约；否则，"专利"不仅为创新者提供了保护伞，而且成为一种战略性的资产（Foss et al.，2011；Arora et al.，2013）。"商业模式"可能影响企业实施许可的战略和吸收新技术的能力。

（二）有关频谱许可方面的技术许可研究现状

随着手机使用率的不断提高，个人可以使用 Wi-Fi 连接到无线局域网（WLAN）实现端到端的通信。伴随着无线通信的发展，无线频谱的需求迅速增加。认知无线电是一种处理频谱稀缺性的新技术，以便于用此来探索频谱的潜能。它可以适当地分配频谱资源，这意味着授权用户有优先使用许可频谱的权力，而未授权用户只可以访问许可频谱。

首先，未经许可的用户应该检测许可用户是否通过频谱感知使用频谱，以免干扰授权用户的传输（Haykin et al.，2010）。有许多光谱传感技术，如能量检测和特征检测。当无牌用户不熟悉授权信号时，可以采用"能量检测"来发现频谱空洞，由于它无法从固有的无线信道中识别出噪声存在的许可用户的信号（Jouini，2011），Ganesan 和 Li 提出了利用独立衰落信道的"协同频谱感知"方法（Ganesan and Li，2007）。其次，虽然许可用户的出现或缺乏将会发生动态变化，但未授权的用户应使用"频谱共享"，在"频谱感知"之后快速灵活地使用未占用频谱（Zhao and Sadler，2007）。当无授权用户使用许可频谱时，用户应采取有效的措施防止影响许可用户和其他未授权用户的活动。研究人员采用"博弈论"这一分析演员行为的数学方法，优化参与者的策略，以模拟用户之间的能力（Sun et al.，2016）。目前，认知无线电已广泛应用于通信行业和人工智能领域。例如，它被用来区分不同类型的数据，并在"智能电网"（SG）数据传输中分配频谱（Kim，2012）。

（三）有关技术许可环境方面的研究现状

技术许可环境方面的研究集中在社会环境和自然环境方面，主要是建议政府应该通过颁布法律法规和颁发许可证来支持技术的发展。政府的"政策"可能为技术创新提供保障。联合国各政府之间成立了专门的气候变化组织，定期对全球的气候变化进行测量评估，其中第五次评估中显示：虽然二氧化碳排放量的增加导致了"气候变化"，但在全球范围内，二氧化碳排放减少了41%~72%。因此，"碳捕集与封存"（CCS）包括"碳捕获""碳储存"和"碳传输"是一项有前途的技术，吸引了更多的研究人员。它与其他可再生能源技术如"生物质"或"聚光太阳能发电"（CSP）不同，公众对其安全性更加担忧。在这种情况下，集中的绿色创新政策无法推动低碳产业的发展（Uyarra et al.，2015）。因此，政府应在技术发展、技术引进、技术实施等方面制定不同的政策，以实现可持续的发展。

此外，合理的技术许可政策不仅可以促进经济的发展，而且有助于实现高质量的生活。许可可以成为更好和更民主的城市生活的杠杆，并为城市研究提供一个新的路径（Koch，2015）。因此，在技术许可方面，政府通过大量的演示工厂和为技术研究提供资金的方式对技术引进发挥了重要的作用。从图 3-2 中可以看出，有关碳排放法规或与其他部分的交流的不同特殊技术的文献比较少。这一现象与技术许可当前的研究规律和学科发展相一致，将来会有更多的研究人员关注这一课题，并会考虑到更多的新兴社会问题。

（四）有关技术许可的教育技术方面研究现状

技术的发展源于从学习中获得的大量理论知识和从实践中获得的特殊经验。因此，"教育""高等教育"和"创新"之间有着紧密的联系。教育技术研究领域主要是关于"教育"知识的来源，以及带来技术许可新特征的新兴"技术"的研究。

教育技术子领域的有关技术的节点分布相对零散，表明这些技术属于不同的学科范畴。其中有大量的最新技术，包括"大数据"、"云计算"、"地理信息系统"（GIS）、"无线射频识别"（RFID）、"三维打印"（3D 打印）、"下一代测序"（NGS）和"车牌识别"，并且这些新技术都应该被进一步评估，以确定其可靠性和安全性。这体现出学者对新技术的关注，并且部分研究者已经开始对技术许可中出现的新现象进行一定程度的研究。

此外，从教育技术子领域还可以看出，当前部分研究人员开始关注特殊行业的技术许可，这可以从图 3-2 中推导出来。Kim 等（2014）的研究表明技术许可可以增加被许可方的销售额，但昂贵的费用可能会影响被许可方在"信息和通信技术"（ICT）行业的选择。同样地，制药行业的技术许可也已经有人对其进行了研究（Allain et al.，2016；Rasi Bonini，2015）。在图 3-2 中，"信息与通信技术"（ICT）、"临床试验"、"云计算"和"大数据"有更多的相邻节点。这意味着通信行业和制药业吸引了比其他领域更多的学者的关注和研究。

四、技术许可相关研究领域的研究趋势分析

现在，学者们不仅关注技术许可的传统研究，而且更加重视技术许可的新特性，并分别分析其对客户和社会的影响。因此，根据上述分析结论，我们可以预测未来在技术许可方面会有以下几个研究方向：

（一）专门从事技术许可的专利中间商相关问题的研究较为有限

在市场实践中，往往存在这样的情景：由于信息不对称，不熟悉创新的下游公司可能会低估一项新技术的价值，从而错过进入新市场的大好机会。而有些研发实力较强的企业往往因为缺乏对技术市场信息的全面把握而不能更好地选择一种最佳的技术许可策略，从而在技术商业化过程中没有争取到最大化的利益。因此，技术许可方和被许可方之间的需求连接工作急需一个既懂得技术价值又对市场信息能够把握精准的专门组织，于是，专业的第三方专利中间商应运而生，专利中间商因既能协助专利许可方寻找合适的买家，也能协助需要技术专利的企业尽快实现技术的升级而受到许可企业和被许可企业的欢迎。当前在有关专利中间商的文献中，已有部分学者通过定性分析的方法对专利中间商的相关问题进行了研究（Graham and Sichelman，2008；Mook，2009；Wang，2010；Nell and Lichtenthaler，2011）。但从定量的角度对技术许可有关的专利中间商的研究还很少，从文献查阅来看，仅有 Agrawal 等（2016）通过定量分析的方法，从博弈的角度展开了对专利中间商决策行为的研究，这是第一篇对专利中介进行定量分析的文章。从前面的技术许可知识地图分析可以看出，有关技术许可的专利中间商的研究存在以下具体方向：①专利中间商对制造业的影响问题；②专利中间商对创新者的影响问题；③专利中间商对企业之间的竞争的影响问题；④在不同的专利路径下，创新者的专利收入的比较选择问题。

（二）交叉许可问题的研究范围有待进一步拓展

交叉许可指的是一家公司持有成本降低性的技术，而另一家公司持有质量改进性的技术，双方各自把自己拥有的技术许可给对方的一种许可方式。与单边许可协议相比，交叉许可在垄断市场更为常见，这一结论被 Nagaoka 和 Kwon（2006）通过超过 1100 个涉及约 260 家制造商的许可合同得到了充分的证明。尽管有一些学者对交叉技术许可的相关问题进行了研究，但这些研究主要是从交叉许可对社会的影响角度来展开研究的，比如交叉许可对技术创新、消费者剩余以及社会福利的影响等，并指出交叉许可可能阻碍社会创新，从而可能降低社会福利和消费者剩余（Fershtman and Kamien，1992；Pastor and Sandon，2002；Meurer，2002；Zhao，2017）等。然而，交叉许可的问题还有一些非常贴近企业实际但还未被涉及的领域如下：①在交叉许可问题中政府如何履行政策支持方面的研究；②在交叉许可中为了避免企业之间暗中勾结而阻碍社会创新，政府在法律法规监管中的职能研究；③交叉许可下的网络效应或技术溢出风险方面的研究；④如何在完全竞争市场进行交叉技术许可的研究，由于目前的文献几乎都集中在垄断市场上，在完全竞争市场上存在着交叉许可研究的空白点，未来如何在完全竞争市场进行交叉技术许可的研究将是一个崭新的研究方向。

（三）技术许可与其他研究领域联合的研究还很有空间

从技术许可研究的 K-核和 MDS 关键词网络地图（见图 3-2）可以看出，当前技术许可与其他领域的跨学科集成的研究还比较少，事实上，专利许可与企业创新、企业管理、社会福利等领域有着密切的联系。尽管已有少量学者对技术许可和其他领域进行了联合研究，比如将技术许可与供应链相结合进行研究，或者将技术许可与再制造领域进行联合研究等（Huang and Wang，2017；Hong et al.，2017），但总体来说，相关文献较少，很多新兴的研究领域都可以和技术许可进行联合研究。具体（但不限）如下：①技术许可与新兴的灰色市场领域的联合研究。②技术许可与渠道竞争的联合研究。因为技术许可存在技术溢出，而技术溢出往往会影响双渠道的竞争，因此，考虑到技术许可的渠道之间的竞争问题将是一个较新的研究方向。③研究人员还可以把技术许可与政府和教育两方面结合起来进行研究，以促进技术许可与其他研究领域的集成研究。

（四）针对平台企业的技术许可方面的研究还鲜有涉及

现有的技术许可方面的文献主要以传统的线下企业为研究对象，而平台企业作为一种新兴的双边市场形态是随着电子商务的蓬勃发展而崛起的。平台企业最大的特点就是以互联网效应来吸引消费者，借助平台企业的互联网优势，平台企业可以更加有效地与客户沟通，可以更加详细及时地记录客户的行为，并可以借助大数据技术科学地预测平台企业用户的需求，并激励平台企业进行大胆的创新。然而，信息技术是把"双刃剑"，由于互联网的存在，它也在一定程度上增加了信息泄露和技术溢出的风险，这对平台企业个体之间的技术许可有着至关重要的影响。目前，在实际的企业运营中，中小平台企业之间的合作与许可行为已经非常普遍，而在这些平台企业的合作与技术许可过程中也确确实实出现了一些始料未及的问题，而从当前的文献架构地图可以看出，当前的研究并没有深入关注平台企业的技术许可这一领域，因此，关注平台企业之间的技术许可问题的研究将是崭新的研究领域。

（五）侧重质量改进性技术许可问题的研究有待进一步丰富

依据工艺技术创新的作用，工艺技术创新分成成本降低性和质量改进性技术创新，与成本降低性技术许可相比，质量改进性技术许可可以帮助企业吸引更多的消费者，并提高产品的竞争优势。此外，质量改进性的技术在大型工业中更为普遍，它可以刺激消费者购买高质量的产品。随着商品经济的发展以及人民生活水平的提高，高质量的产品必将受到更多人的青睐，大型工业企业的产品质量提升是大势所趋。通过此次关键词文献梳理可以发现，有关质量改进性技术许可的术语不仅频度比较低而且大部分都是来自最新的文献，是较新文献的关键词术语，因此我们可以推测，当前有关质量改进性的技术许可方面的文献较少，针对质量改进性技术许可方面的研究将是未来又一个新的研究方向。随着国民经济结构的转型升级，大型工业企业将会越来越多，针对质量改进性技术许可方面的研究在不远的将来一定会得到更多的关注。因此，探讨质量改进性的许可策略、提高产品质量、进一步增加消费者剩余并促进环境的可持续发展是又一新的研究方向。

（六）侧重用动态博弈的理论进行技术许可的研究将得到大力发展

从前面对技术许可相关领域的知识结构图的分析可以看出，当前已有大量的文献采取博弈理论来研究技术许可方面的问题，但是，这些文献大都采用非合作博弈理论和静态博弈理论来分析现任者与创新者之间的关系（Arora and Ceccagnoli，2006；Lin and Kulatilaka，2006；Crama et al.，2013；Bagchi and Mukherjee，2014；Borah and Tellis，2014；Allain et al.，2016；Zhao，2017）。然而由于技术许可是企业之间的一种长期互动行为。因此，采用合作博弈理论和动态博弈理论来寻求企业间的长期均衡以及最佳的许可策略是很多许可企业和授权许可企业的迫切需求，未来的研究势必会沿着这一市场需求趋势，从动态博弈的角度来研究技术许可策略问题。

第六节　本章小结

在本章中，我们应用了一种全新的文档分析方法来分析技术许可研究方面的文献资料。首先收集了5000多篇文献，以映射基于 MDS 和 k-core 的技术许可知识图谱，其次进行图谱的层次关系分析和内容分析，并通过基于技术许可的关键词地图开展了对当前技术许可相关文献的研究分类，研究内容的侧重点以及当前的研究空白点和未来的研究趋势，为学者们进一步把握技术许可相关研究进展和未来研究趋势提供了较系统的材料。除此之外，本章还结合笔者已有的专业知识对未来技术许可的研究趋势进行了相对科学的分析和预测，并根据知识图谱和最新研究推断出了 6 个有价值的未来研究方向。

总之，技术许可是一个日益发展的新兴学科，研究人员已经引入了很多的新兴技术，并已与部分研究热点结合起来进行了研究。总体来说，学者们更加关注与技术许可相关的技术市场的研究，而企业实体则更加关注技术许可在改变商业模式或经营战略方面的商业实践的研究，另一些组织如高校等则开始关注大学技术的商业化过程，以平衡研发预算，而政府则更加关注如何进行与技术许可相关的技术引进和许可方面的支持政策等。从本质上来说，技术许可是一个可持续发展的课题，因为当前技术许可确实还没有相当完善的理论体系，所以更应该建立和充实进去更多的基础理论，并进一步通过融入市场调查和典型案例等多种方法来丰富这一学科的研究内容和研究范式。

第四章　质量改进性工艺创新的最优许可决策

本章内容是针对第三章技术许可知识结构地图分析中总结出来的当前技术许可研究发展趋势中的第五个研究趋势而展开的研究，即技术许可未来的一大趋势是侧重质量改进性技术许可的研究。因为与成本降低性技术许可相比，质量改进性技术许可可以帮助企业吸引更多的消费者，并提高产品的竞争优势，并且质量改进性的工艺创新技术在大型工业企业中更为普遍，它可以刺激消费者购买高质量的产品。因此，本章主要探讨针对质量改进性工艺创新的最佳许可决策的问题。

第一节　引言

现有关于技术许可问题的研究大都是基于成本降低性技术许可问题的，而对质量改进性技术许可的研究却很有限（Zhao et al.，2014）。事实上，消费者在购买产品时不仅关注价格，对产品的质量也尤为关注。实证研究的结论也表明，质量改进性技术要比成本降低性技术在现实中的应用更普遍（Lunn，1987；Petasas and Giannikos，2005）。因此，有关质量改进性工艺创新技术的技术许可问题更值得深入研究。

为了弥补现有研究的不足，本章运用博弈论，在古诺竞争模式下，针对一个双寡头市场的情形来展开研究，主要探讨质量改进性工艺技术创新如何进行许可决策才能达到最优解的问题。我们从专利持有企业的利润以及消费者剩余和社会福利三个方面考察并比较了三种技术许可策略（固定费用许可、单位产量提成许可和两部制许可）的优劣。除此之外，本章还研究了产品的不同质量差异是如何影响技术创新者的许可决策选择的问题。当前有关成本降低性技术许可的研究一般都认为，在固定费许可下，消费者剩余和社会福利最大。但通过本章内容的研究，我们发现，在质量改进性技术许可下，这一结论不一定成立。

第二节　问题描述与假设

在一个垄断市场上，仅存在企业 1 和企业 2 两大寡头，假定两寡头企业是竞争对手，都生产和销售同一类产品，只是产品质量不同，两企业在同一个市场上进行 Cournot 竞争。企业 1 生产的产品质量较高，其产品质量水平为 s_1，而企业 2 生产较低质量的产品，产品质量水平为 s_2。我们假设高质量产品的质量为 1（即 $s_1=1$）且 $s_2=ts_1=t$，$t \in (0, 1)$。t 代表两企业的产品在质量上的差异系数，t 越大，两产品在质量上越接近。质量差异程度越小，两企业产品的替代程度就越大。为了简化，我们假设两企业产品的边际生产成本和边际销售成本为 0。我们假设客户有异质偏好并且愿意支付 θs_i 去购买质量为 s_i 的产品，$i=\{1, 2\}$，并且效用函数为 $U_i=\theta s_i-p_i$，此时，p_i 是企业 i 的零售商价格或产品市场售价，θ 表示每单位质量所带给消费者的边际效用，是消费者购买决策中产品质量偏好行为的重要参考指标，此处，我们假定 θ 在区间 $[0, 1]$ 上呈均匀分布，密度为 1，θ 越接近 1，说明消费者在购买决策中越倾向于较高质量的产品。

具体来说，由于两家企业的产品质量各异，消费者偏好不一，因此要实现消费者产品选择决策无差异，需使 $U_1=U_2$，即有 $\theta_1=\dfrac{p_1-p_2}{1-t}$，当 $\theta \geqslant \theta_1$ 时，消费者更愿意购买高质量的产品。当 $\theta_2 \leqslant \theta < \theta_1$ 时，消费者更愿意购买低质量的产品（根据 $U_2=0$ 可得 $\theta_2=\dfrac{p_2}{t}$）。当 $\theta < \theta_2$ 时，消费者将不购买任何一种产品。

在没有技术许可的情况下，企业 1 的产量为 q_1，且 $q_1=\int_{\theta_1}^{1} d\theta=\int_{\frac{p_1-p_2}{1-t}}^{1} d\theta=1-\dfrac{p_1-p_2}{1-t}$；而企业 2 的产量为 q_2，且 $q_2=\int_{\frac{p_2}{t}}^{\frac{p_1-p_2}{1-t}} d\theta=\dfrac{tp_1-p_2}{t(1-t)}$。由这两个方程可以得到两家企业的逆需求函数分别为：

$$p_1=1-q_1-tq_2 \tag{4-1}$$
$$p_2=t(1-q_1-q_2) \tag{4-2}$$

对于存在技术许可的情形，两家企业都以同样的价格 p 生产高质量的产品，如果消费者认为产品效用大于零，他们就会购买产品，此时，根据 $U=\theta s_1-p=0$，即可求得 $\theta_3=p$。相应地，逆需求函数是 $p=1-q_1-q_2$。效用函数和逆需求函数的求解过程与 Zhao 等（2014）及 Hattori 和 Tanaka（2017）中的相同。

第三节　不存在技术许可的情形

在不存在技术许可时，企业1（拥有高质量工艺创新技术）不会将自己的创新技术许可给企业2（不拥有高质量工艺创新技术），因此，企业1生产高质量的产品，而企业2生产低质量的产品。此时，两企业的利润函数如下：

$$\pi_1^N = (1 - q_1 - tq_2)q_1 \tag{4-3}$$

$$\pi_2^N = t(1 - q_1 - q_2)q_2 \tag{4-4}$$

N 表示不发生技术许可（Model N）。

通过对 q_1 和 q_2 求偏导可以得到均衡值：$q_1^N = \dfrac{2-t}{4-t}$，$q_2^N = \dfrac{1}{4-t}$，$p_1^N = q_1^N$，$p_2^N = tq_2^N$。

因此，企业1和企业2的最大利润为：

$$\pi_1^{N*} = \left(\frac{2-t}{4-t}\right)^2 \qquad \pi_2^{N*} = \frac{t}{(4-t)^2}$$

因此，不许可时的消费者剩余和社会福利分别为：

$$CS^N = \int_{\theta_1}^1 U_1 d\theta + \int_{\theta_2}^{\theta_1} U_2 d\theta$$

$$= \int_{\frac{p_1^N - p_2^N}{1-t}}^1 (\theta - p_1^N) d\theta + \int_{\frac{p_2^N}{t}}^{\frac{p_1^N - p_2^N}{1-t}} (\theta t - p_2^N) d\theta$$

$$= \frac{4 - t^2 + t}{2(4-t)^2} \tag{4-5}$$

$$SW^N = \pi_1^N + \pi_2^N + CS^N = \frac{12 + t^2 - 5t}{2(4-t)^2} \tag{4-6}$$

第四节　固定费许可的情形

在这个模型中，企业2支付固定费 F 以获得企业1的技术，两家企业的利润分别为：

$$\pi_1^F = (1 - q_1 - q_2)q_1 + F \tag{4-7}$$

$$\pi_2^F = (1 - q_1 - q_2)q_2 - F \tag{4-8}$$

F 表示固定费许可的情形（Model F）。

式（4-7）和式（4-8）分别对 q_1 和 q_2 求一阶导数并令其为0，可得 $p=q_1=q_2=\dfrac{1}{3}$。

因此，企业1和企业2的利润是 $\pi_1^F=\dfrac{1}{9}+F$ 和 $\pi_2^F=\dfrac{1}{9}-F$。企业2支付的固定费用为 $F^*=\dfrac{1}{9}-\dfrac{t}{(4-t)^2}$。当且仅当 $\pi_2^F \geqslant \pi_2^N$ 时，企业2才可能接受企业1的许可。但是假如只有固定费用许可这一个条件对企业1来说还是不够的，因为只具备上述条件，并不能保证约束 $\pi_1^F \geqslant \pi_1^N$ 的成立，下面的命题4-1给出了固定费许可发生的条件。

命题4-1 当且仅当 $0.571<t<1$ 时，固定费许可才会发生。

命题4-1表明，当与没有许可的情况相比质量差异不是很大时，专利持有企业将倾向于通过固定费许可的方式将其质量改进性技术授权给其竞争对手。因为较大的差异意味着较低的替代，会使技术许可后给专利持有企业带来的威胁较小。

证明详见附录1。

更具体地说，模型F在 $0.571<t<1$ 的条件下的均衡值如下：

$$F^*=\frac{1}{9}-\frac{t}{(4-t)^2} \qquad q_1^{F*}=q_2^{F*}=p^{F*}=\frac{1}{3} \qquad \pi_1^{F*}=\frac{2}{9}-\frac{t}{(4-t)^2}$$

该模型下的消费者剩余和社会福利分别为：

$$CS^F=\int_{\theta_3}^{1}(\theta-p)d\theta=\frac{2}{9} \tag{4-9}$$

$$SW^F=\pi_1^F+\pi_2^F+CS^F=\frac{4}{9} \tag{4-10}$$

第五节　单位产量提成许可的情形

在这种许可模式下，企业2每销售一单位产品将向企业1支付提成费 r，$r \in (0,1)$。该模型的逆需求函数与F模型相同，数学描述如下：

$$\pi_1^R=(1-q_1-q_2)q_1+rq_2 \tag{4-11}$$

$$\pi_2^R=(1-q_1-q_2-r)q_2 \tag{4-12}$$

R 表示单位提成许可时的情形（Model R）。

通过 $\dfrac{\partial \pi_1^R}{\partial q_1}=0$，$\dfrac{\partial \pi_2^R}{\partial q_2}=0$ 来对式（4-11）和式（4-12）求解，我们得到均衡产量和零售价格：

$$q_1^R=\frac{1+r}{3} \tag{4-13}$$

$$q_2^R=\frac{1-2r}{3} \tag{4-14}$$

$$p^R=\frac{1+r}{3} \tag{4-15}$$

为了让 $q_2^R\geq 0$，我们有 $r\leq\dfrac{1}{2}$，把式（4-13）、式（4-14）和式（4-15）代入企业 1 的利润方程：

$$\pi_1^R=\frac{5r-5r^2+1}{9} \tag{4-16}$$

通过一阶求导我们得到 $r_1=\dfrac{1}{2}$。

为了确保企业 2 接受许可，企业 2 在专利许可前后的利润需要满足 $\pi_2^R\geq\pi_2^N$，因此，我们有 $r\leq\dfrac{4-t-3\sqrt{t}}{2(4-t)}<\dfrac{1}{2}$。企业 1 为了获得尽可能多的利润，选择 r 的最大价值，即 $r^{R*}=\dfrac{4-t-3\sqrt{t}}{2(4-t)}$，然后我们就可以得到特定的均衡结果 r。

命题 4-2 对任意的 $t\in(0,1)$，单位产量提成许可总会发生。

对于 $t\in(0,1)$ 下的任何值而言，$\Delta\pi=\pi_1^{R*}-\pi_1^{N*}\geq 0$，所以企业 1 的最优利润满足约束条件：$\pi_1^{R*}\geq\pi_1^{N*}$。由于单位产量提成许可导致了企业 2 的边际成本的增加，从而抑制了企业 1 的产量决策，削弱了两家企业之间的竞争。在固定费许可下，许可方比被许可方更有效率。因此，无论质量差异如何，许可方将其技术许可给被许可方都是有利可图的。

在这个模型中，企业 1 和企业 2 的产量分别为：$q_1^{R*}=\dfrac{4-t-\sqrt{t}}{2(4-t)}$ 和 $q_2^{R*}=\dfrac{\sqrt{t}}{4-t}$，$q_1^{R*}$ 严格随 t 的值递减，而 q_2^{R*} 随着 t 的增加而增加，q_1^{R*} 总是大于 q_2^{R*}。因此，企业 1 的利润是 $\pi_1^{R*}=\dfrac{16+t^2-13t}{4(4-t)^2}$。

产量提成模型下的消费者剩余与社会福利为：

$$CS^R = \int_{p^R}^1 (\theta - p^R) d\theta = \frac{1}{8}\left(\frac{4-t+\sqrt{t}}{4-t}\right)^2 \tag{4-17}$$

$$SW^R = \pi_1^R + \pi_2^R + CS^R = \frac{48+3t^2-25t+2(4-t)\sqrt{t}}{8(4-t)^2} \tag{4-18}$$

第六节　两部制许可的情形

在这一节中，企业1提供了一份两部制许可合同（Model FV）（F^V，h），此时 F^V 为固定费并且 $h \in [0, 1]$ 是从价提成率。在这种情况下，两家企业的利润分别是：

$$\pi_1^{FV} = (1-q_1-q_2)q_1 + h(1-q_1-q_2)q_2 + F^V \tag{4-19}$$

$$\pi_2^{FV} = (1-q_1-q_2)(1-h)q_2 - F^V \tag{4-20}$$

分别利用式（4-19）和式（4-20）关于 q_1 和 q_2 的一阶条件，可得：

$$q_1^{FV} = \frac{1-h}{3-h} \tag{4-21}$$

$$q_2^{FV} = \frac{1}{3-h} \tag{4-22}$$

$$p^{FV} = q_2^{FV} \tag{4-23}$$

企业1的利润最大化问题可以表示为：

$$\max_{F^v, h} \pi_1^{FV}(q_1^{FV}, q_2^{FV}) = (1-q_1^{FV}-q_2^{FV})q_1^{FV} + h(1-q_1^{FV}-q_2^{FV})q_2^{FV} + F^V$$

$$\text{s. t. } \pi_2^{FV} \geq \pi_2^{N*}, \ \pi_1^{FV}(q_1^{FV}, q_2^{FV}) \geq \pi_1^{N*}$$

这个问题有两种可能的情况。首先，我们假设 $F^{V*} > 0$，并且由 $\pi_2^{FV} \geq \pi_2^{N*}$ 可得：

$$F^V = \frac{1-h}{(3-h)^2} - \frac{t}{(4-t)^2} \tag{4-24}$$

将式（4-21）、式（4-22）和式（4-24）代入 $\pi_1^{FV}(q_1^{FV}, q_2^{FV})$，我们得到：

$$\pi_1^{FV}(q_1^{FV}, q_2^{FV}) = \frac{2-h}{(3-h)^2} - \frac{t}{(4-t)^2} \tag{4-25}$$

从式（4-25），我们可以推出 $\frac{d\pi_1^{FV}}{dh} = \frac{1-h}{(3-h)^3} \geq 0$，因此，我们有 $h^* = 1$，在这种情况下，由式（4-24），易得 $F^V = -\frac{t}{(4-t)^2} < 0$，这与我们的假设相矛盾。

现在，我们假设 $F^{V*}=0$，并根据 $\pi_2^{FV}=\pi_2^{N*}$，可得最优的从价提成率为：

$$h^* = \frac{14t-16-t^2+(4-t)\sqrt{16+t^2-16t}}{2t} \tag{4-26}$$

此时，h^* 小于1，并且随着 t 值的增加而减小。

命题4-3 对于任意的 $t \in (0, 1)$，两部制许可总会发生。

证明详见附录1。

企业1的最优利润满足约束条件是：$\pi_1^{FV}(q_1^{FV}, q_2^{FV}) \geqslant \pi_1^{N*}$。由于在 $t \in (0, 1)$ 时，$\Delta\pi = \pi_1^{FV} - \pi_1^{N*} \geqslant 0$，此时，我们发现两部制许可退化为从价产量提成许可。

此时有 $q_1^{FV*} = \dfrac{4-t-\sqrt{16+t^2-16t}}{2(4-t)}$，$q_2^{FV*} = \dfrac{4-t+\sqrt{16+t^2-16t}}{4(4-t)}$，$p^{FV*} = q_2^{FV*}$，$\pi_1^{FV*} =$

$\dfrac{16+t^2-12t+(4-t)\sqrt{16+t^2-16t}}{8(4-t)^2}$。

基于以上结果，我们可以得到两部制许可下的消费者剩余 CS^{FV} 和社会福利 SW^{FV} 分别为：

$$CS^{FV} = \int_{p^{FV}}^{1} (\theta - p^{FV})d\theta = \frac{1}{32}\left[\frac{3(4-t)-\sqrt{16+t^2-16t}}{4-t}\right]^2 \tag{4-27}$$

$$SW^{FV} = \frac{112+7t^2-52t-(4-t)\sqrt{16+t^2-16t}}{16(4-t)^2} \tag{4-28}$$

第七节　四种许可情形的比较分析

在本节中，我们将对本章前面提到的四种情形下的最优解进行比较，并分别从许可方、消费者和整个社会的角度分析最优的许可策略。

通过对许可方最优利润的比较，可以得到如下命题：

命题4-4 当三种许可策略均可以发生时，对许可企业来说，首先考虑两部制许可，因为两部制许可利润最大，其次考虑单位产量提成许可，最后考虑固定费许可。

这是因为两部制许可决策下企业1的利润要高于单位产量提成许可和固定费许可。如图4-1所示，企业1的利润在所有四种模型中总是随着 t 值的增加而增加。质量差越大，企业1的利润也越大。与固定费用许可不同，产量提成许可和两部制许可增加了企业 2 的边际生产成本，削弱了竞争，限制了产量，因此产量提成许可和两部制许可都增加了受许可方的成本。因此，许可方（企业 1）总是比被许可方（企业 2）更有效率，两部制许可是专利拥有企业获取最大利润的最有效的技术许可决策。这一结论与大多数有关成本降低性技术许可的研究结论相一致。

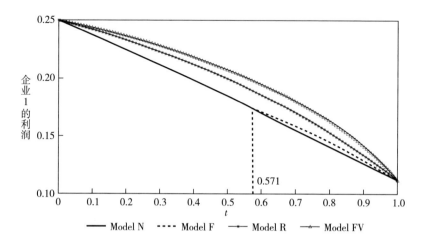

图 4-1 四种策略下的均衡利润

命题 4-5 从消费者的角度来看，当两产品的质量差异较小时（$0.571<t<1$），固定许可下的消费者剩余最大；当两产品的质量差异较大时（$0<t<0.571$），单位产量提成许可下的消费者剩余最大。三种许可策略以及不采取许可策略时消费剩余的大小关系如下：

(1) 当 $0<t\leqslant0.571$ 时，有 $CS^R>CS^N>CS^{FV}>CS^F$；

(2) 当 $0.571<t<1$ 时，有 $CS^F>CS^R>CS^N>CS^{FV}$。

命题 4-5 表明，消费者剩余的大小受许可方许可策略和两产品质量差异大小的影响（见图 4-2）。当两产品的质量差异较小时（$0.571<t<1$），固定费许可对消费者最有利；当两产品的质量差异较大时（$0<t<0.571$），单位产量提成许可对消费者最有利。这一结论与成本降低性技术许可下的结论有很大的不同，Wang（1998，2002）的研究结果表明，在成本降低性创新性技术的许可下，采取固定费许可时消费者剩余最大，即许可方选择固定费许可对消费者最有利。而本章的研究表明，在质量改进性创新技术的许可下，固定费许可并不总是对消费者最有利，当两种产品的质量差异较大时，固定费许可反而对消费者最不利。

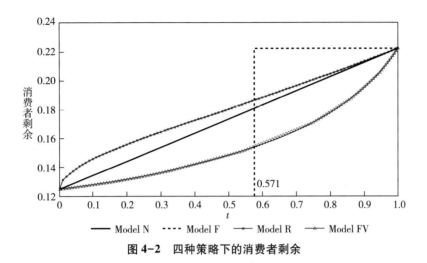

图 4-2　四种策略下的消费者剩余

命题 4-6　从社会福利的角度来看，当两产品质量差异较小时（0.571<t<1），固定费许可最优。当两产品质量差异较大时（0<t<0.571），单位产量提成许可最优。三种许可策略以及不采取许可策略时社会福利的大小关系如下：

（1）当 0<t<0.571 时，有 SW^R>SW^N>SW^{FV}>SW^F；

（2）当 0.571<t<1 时，有 SW^F>SW^R>SW^N>SW^{FV}。

与命题 4-5 相类似，命题 4-6 表明，社会福利的大小受许可方许可策略和两产品质量差异大小的影响（见图 4-3）。当两产品的质量差异较小时（0.571<t<1），固定费许可对整个社会最有利；当两产品的质量差异较大时（0<t<0.571），单位产量提成许可对整个社会最有利。这一结论与成本降低性技

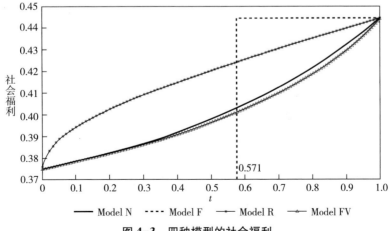

图 4-3　四种模型的社会福利

术许可下的结论有很大的不同，Wang（1998，2002）的研究结果表明，在成本降低性创新性技术的许可下，采取固定费许可时社会福利最大，即许可方选择固定费许可时对整个社会最有利。而本章研究表明，在质量改进性创新技术的许可下，固定费许可并不总是对整个社会最有利，当两种产品的质量差异较大时，固定费许可反而对整个社会最不利。

第八节　本章小结

在本章中，主要探讨了拥有质量改进性创新的企业如何对其创新技术进行许可的问题。首先，我们以不许可的情况进行建模分析，作为许可比较的基准。接着，建立了三种许可模型，固定费许可情形下的模型、单位产量提成许可情形下的模型和两部制许可情形下的模型，在每一种许可决策下分别考察了质量改进性创新对许可方的利润及消费者剩余和社会福利的影响，并以基准模型为基础进行了比较分析。

本章研究的主要结论如下：

（1）当三种许可策略均可以发生时，对许可企业来说，首先考虑两部制许可，因为两部制许可利润最大，其次考虑单位产量提成许可，最后再考虑固定费许可。

（2）从消费者的角度来看，当两产品的质量差异较小时（$0.571 < t < 1$），固定许可下的消费者剩余最大；当两产品的质量差异较大时（$0 < t < 0.571$），单位产量提成许可下的消费者剩余最大。

（3）从社会福利的角度来看，当两产品质量差异较小时（$0.571 < t < 1$），固定费许可最优；当两产品质量差异较大时（$0 < t < 0.571$），单位产量提成许可最优。

从以上结论可以看出，对许可方来讲，无论两产品质量差异如何变化，两部制许可都优于固定费许可和单位产量提成许可。这一结论与大多数关于成本降低性技术许可的研究结论相一致。而从消费者和社会的角度来看，当两产品的质量差异较小时，固定许可下的消费者剩余和社会福利最大；当两产品的质量差异较大时，单位产量提成许可下的消费者剩余和社会福利最大。这一结论则与关于成本降低性技术许可的研究结论有很大的不同，因为大多数关于成本降低性技术许可的研究都认为固定费许可下的消费者剩余和社会福利最大。

第五章　研发结局不确定情形下网络产品的最优许可决策

本章内容是对第四章质量改进性工艺创新的技术许可决策的进一步细化研究。依据产品的消费端规模经济效益的大小，产品可分为两大类：一类是传统产品；另一类是网络产品。传统产品即没有消费端规模经济效益的产品，其使用价值往往和消费数量没有直接关系，我们身边的很多产品都属于此类。而有些产品其使用价值随着消费数量的增长而不断增加，也就是说产品的使用价值一部分来自产品本身的属性，另一部分来自消费端的消费规模，购买该产品的人越多其单位产品的使用价值就越大，如传真机、互联网软件等产品。据此，质量改进性工艺创新又可分为传统产品的质量改进性工艺创新和具有网络效应的产品的质量改进性创新两大类。

依据这一分类，本章主要在第四章质量改进性技术创新的基础上，进一步研究关于网络产品的质量改进性技术创新的最优许可策略。本章的内容依然是来自当前技术许可的第五个研究趋势，即针对质量改进性技术许可的研究趋势（根据前面第三章技术许可知识结构地图的分析里得出的结论）展开研究。也就是在第四章研究的基础上进一步对网络产品（具有消费端规模经济的产品）的质量改进性工艺创新技术的技术许可决策问题进行研究，并结合企业实际，考虑了研发结局的不确定性这一企业研发实际因素，从研发结局不确定性对工艺技术创新企业前期研发投入产生影响进而影响研发结果的角度，来探讨质量改进性技术许可决策在具有网络效应的企业中的应用，以帮助研发企业更好地做好前期的研发战略的制定，提高研发投入产出比，并提高产品的竞争优势。具体研究内容如下。

第一节　引言

技术许可是技术商业化战略的重要组成部分，对提高产品市场竞争力、增加创新激励和提高创新能力具有重要影响。近 30 年来，全球技术贸易显著增长（Arora，2009），现在越来越多的企业通过许可协议将自己的创新技术进行转让并获得了不菲的收益（Arora et al.，2013）。例如，得克萨斯仪器在半导体行业每年从专利许可中可获利 4000 万美元（Germerad，2001）。

技术许可对许可方和被许可方都有好处：一方面，利用许可获得新技术的被许可方可以通过缩小与许可方的技术差距来提高其市场竞争力（Laursen et al.，2010；Tsai et al.，2011；Leone and Reichstein，2012；Wang et al.，2015）；另一方面，由于许可方从事技术创新往往需要非常高的研发投入，技术许可费用可以弥补这一投入，这一通过技术许可的方式可以使许可企业研发成功后的新技术的商业价值最大化，这样又为后续研发所需的大量资金做好储备。实证研究表明，技术创新的年平均收益率为 40%，远高于普通投资的年平均收益率（8%）（Griliches，1992）。

然而，对技术创新企业来说，往往会陷入一个两难的境地：一方面，研发成功后通过技术许可的方式可以使其获得可观的收益；另一方面，因研发失败的概率较高而使其倍感压力。研发结局的不确定性和研发的高风险性是创新型企业和研发机构在实践中经常面临的两大问题。前者是指因研发结局具有很大的随机性致使研发失败的概率较高，这会给创新企业造成重大损失；后者是指研发成功后专利技术不能成功地商业化而给创新企业带来重大损失。因此，在研发结局不确定的情形下，技术创新者如何通过最佳的许可策略的选择来促进创新技术商业价值的转化是一个非常值得研究的问题。虽然，Hong 等（2015）和 Zhang 等（2016）已从不同的角度探讨了研发结局不确定情形下的技术许可决策问题，但他们都没有涉及网络产品，也没有考虑消费者的质量偏好。Zhao 等（2014）和赵丹等（2015）虽然研究了消费者的质量偏好，但他们没有讨论创新者进行许可决策时针对研发结局不确定情形如何进行选择才是最优的问题。基于上述问题，本部分的重点是分析研发结局的不确定性是如何影响创新者的技术许可决策选择的，以协助创新者做出最佳的技术许可决策，从而使其预期的技术许可收益达到最大。

我们建立了一个具有三个阶段的双寡头博弈模型：①研发阶段，在这个阶段，创新企业进行质量改进性技术创新，研发成功的概率为 p；②许可阶段，研发成功后，创新企业可以垄断其技术专利或允许另一家企业采用其技术（如果创新公司不许可其技术，它将成为垄断者，如果创新公司决定将其技术许可给另一家企业，它必须为被许可方确定一个合理且可接受的价格）；③生产阶段，在这一阶段，许可方和被许可方在同一产品市场上进行 Cournot 竞争。

第二节　问题描述

在一个双寡头市场上，企业 1 和企业 2 都生产网络产品，企业 1 生产的网络产品用 s_1 表示其质量，企业 2 生产的网络产品用 s_2 表示其质量，并且在没有技术创新研发时，$s_1=s_2=t$；假定企业 1 进行技术研发，若研发成功，则 $s_1>s_2$，即企业 1 生产的产品质量高于企业 2。我们假定企业 1 研发成功时，$s_1=1$，$s_2=ts_1=t$，$t\in(0,1)$，此时 t 的取值就表示企业 1 和企业 2 生产的产品之间的质量差异（Zhao et al.，2024）。t 越大，表示在产品质量方面企业 1 和企业 2 越没有差异；t 越小，表示在产品质量方面两者越不同。

假定消费者存在质量偏好，当不存在购买行为时，不能获得任何产品效用；当存在购买行为时，每单位产品效用为 $U_i=\theta s_i+v(q^e)-p_i$，$i=1$，2。其中，$\theta$ 表示每单位产品质量的边际效用（是消费者质量偏好的基础），假定 θ 在区间 ［0，1］ 上均匀分布，密度为 1。θ 越靠近 0，则消费者在购买时越看中产品单价，倾向于购买低质量的产品；θ 越靠近 1，则消费者在购买时越对价格不敏感而看中产品质量，倾向于购买质量过硬的产品。q^e 表示消费者对未来可能的网络规模的期望，$v(q)$ 表示当产品存在消费端规模经济效益时，除了产品自身价值外消费者愿意付出的额外支出，$v(q)=\beta q$。β 表示产品的网络外部性效应的大小，$\beta\in$ ［0，1），β 越大，表示产品具有越强的网络效应，对消费者来说因其对获得网络效应的预期很乐观，所以非常乐意多付出一些购买费用；当 $\beta=0$ 时，产品没有任何网络效益，对消费者来说因其不能获得任何额外的收益，所以在购买产品时，除了产品本身的价值外，不会多付任何购买费用。两家企业在市场上进行 Cournot 竞争，且假定只有企业 1 进行技术创新研发，企业 2 不具备创新研发的条件，只要企业 1 的创新研发能够实现，企业 1 就愿意将自己的创新技术许可给企业 2。由于企业 1 的研发可能成功也可能失败，若用 p 表示企业 1 的创新研发的成功概率，每单位研发成本用 k 来表示，且 $k>0$，那么企业 1 的研发经费投入则可表示为 kp^2。

一、企业 1 研发成功但不许可

在企业 1 不许可其创新技术时，企业 1 和企业 2 各自生产自己的产品，且产品质量有差异。由于存在消费偏好，因此只有使 $U_1=U_2$，才能实现消费者选择无差异，可得：$\bar{\theta}_1=\dfrac{p_1^{SNL}-p_2^{SNL}-\beta(q_1^e-q_2^e)}{1-t}$。技术许可不发生时，偏好高质量的消费者

会在 $\theta \geqslant \bar{\theta}_1$ 时，购买企业 1 的高质量产品；偏好低质量的消费者会在 $\hat{\theta}_1 \leqslant \theta < \bar{\theta}_1$ 时进行购买决策，且往往会购买企业 2 的产品；当 $\theta < \hat{\theta}_1$ 时，消费者认为购买效用太低，将不产生购买行为。

此时，其逆需求函数为：

$$p_1^{SNL} = 1 + \beta q_1^e - q_1^{SNL} - tq_2^{SNL}$$

$$p_2^{SNL} = t + \beta q_2^e - tq_1^{SNL} - tq_2^{SNL}$$

因此，两企业的利润函数可分别表示如下：

$$\pi_1^{SNL} = (1 + \beta q_1^e - q_1^{SNL} - tq_2^{SNL}) q_1^{SNL} - kp^2$$

$$\pi_2^{SNL} = (t + \beta q_2^e - tq_1^{SNL} - tq_2^{SNL}) q_2^{SNL}$$

根据上式可以得到：当企业 1 研发成功，且企业 1 不会把自己的创新技术许可给企业 2 时，企业 1 和企业 2 的生产量和利润分别为：

$$q_1^{SNL} = \frac{2t - t^2 - \beta}{(2-\beta)(2t-\beta) - t^2}, \quad p_1^{SNL} = q_1^{SNL}, \quad q_2^{SNL} = \frac{(1-\beta)t}{(2-\beta)(2t-\beta) - t^2}$$

$$p_2^{SNL} = tq_2^{SNL}, \quad \pi_1^{SNL} = \frac{(2t - t^2 - \beta)^2}{[(2-\beta)(2t-\beta) - t^2]^2} - kp^2$$

$$\pi_2^{SNL} = \frac{(1-\beta)^2 t^3}{[(2-\beta)(2t-\beta) - t^2]^2} \tag{5-1}$$

当消费者的质量偏好在 [0, 1] 时，消费者最多只购买一单位的产品，即 $q_1^{SNL} + q_2^{SNL} \leqslant 1$。于是由式（5-1）可得：当 $\beta < t$ 时，有 $q_1^{SNL} + q_2^{SNL} < 1$，此时，产品产量小于需求量，产品市场不能得到有效满足；当 $\beta = t$ 时，有 $q_1^{SNL} + q_2^{SNL} = 1$，此时供给量足以覆盖需求量，且企业 1 和企业 2 都有正的产量。对于产品不能完全覆盖需求的情形，可得 $q_1^{SNL} > q_2^{SNL}$，也就是说绝大部分消费者更倾向于购买高质量产品。本章只考虑市场完全覆盖的情况，即 $\beta = t$。于是，两企业的均衡产量和利润可以改写为：

$$q_1^{SNL} = \frac{1}{2} \quad q_2^{SNL} = \frac{1}{2} \quad \pi_1^{SNL} = \frac{1}{4} - kp^2 \quad \pi_2^{SNL} = \frac{\beta}{4} \tag{5-2}$$

因此，研发成功但不许可时的消费者剩余和社会福利分别为：

$$CS^{SNL} = \int_{\bar{\theta}_1}^1 U_1 d\theta + \int_{\hat{\theta}_1}^{\bar{\theta}_1} U_2 d\theta = \frac{5\beta^3 - 11\beta^2 + 15\beta - 17}{8(1-\beta^2)}$$

$$W^{SNL} = \pi_1^{SNL} + \pi_2^{SNL} + CS^{SNL} = \frac{1+\beta}{4} + \frac{5\beta^3 - 11\beta^2 + 15\beta - 17}{8(1-\beta^2)} - kp^2$$

二、企业 1 研发不成功

在企业 1 研发不成功的情况下，两家企业生产的产品质量相同，即 $s_1 = s_2 =$

t。因此，消费一单位企业 1 和企业 2 产品的消费者效用无差异时，有 $U_1 = U_2 = \theta t + \beta(q_1^e + q_2^e) - p^N \geq 0$，由此可得 $\theta \geq \theta_2 = \dfrac{p^N - \beta(q_1^e + q_2^e)}{t}$。于是，企业的需求函数

为：$q_1^N + q_2^N = \displaystyle\int_{\theta_2}^1 d\theta = 1 - \dfrac{p^N - \beta(q_1^e + q_2^e)}{t}$。其反需求函数为：$p^N = t + \beta(q_1^e + q_2^e) - tq_1^N - tq_2^N$。

两企业的利润函数可分别表示如下：

$\pi_1^N = [t + \beta(q_1^e + q_2^e) - tq_1^N - tq_2^N]q_1^N - kp^2$

$\pi_2^N = [t + \beta(q_1^e + q_2^e) - tq_1^N - tq_2^N]q_2^N$

可求得研发失败时两企业的产量和利润分别为：

$q_1^N = \dfrac{t}{3t - 2\beta}$ \quad $q_2^N = \dfrac{t}{3t - 2\beta}$ \quad $\pi_1^N = \dfrac{t^3}{(3t - 2\beta)^2} - kp^2$ \quad $\pi_2^N = \dfrac{t^3}{(3t - 2\beta)^2}$

当市场完全覆盖时有 $q_1^N + q_2^N = 1$，即 $t = 2\beta$。于是，企业 1 研发不成功时的均衡产量与利润可以改写为：

$$q_1^N = \frac{1}{2} \quad q_2^N = \frac{1}{2} \quad \pi_1^N = \frac{\beta}{2} - kp^2 \quad \pi_2^N = \frac{\beta}{2} \tag{5-3}$$

企业 1 研发成功的概率为 p，因此两企业的期望利润分别为：

$E[\pi_1(p)] = p\pi_1^{SNL} + (1 - p)\pi_1^N$

$E[\pi_2(p)] = p\pi_2^{SNL} + (1 - p)\pi_2^N$

下面我们将讨论技术许可发生时，企业 1 分别选择三种技术许可策略时的优劣。假定企业 1 愿意把自己的创新许可给企业 2，当然是有偿许可，企业 2 根据自己的许可费支出和因获得技术创新而提高的产品收益进行权衡分析做出接受或者拒绝许可的决定。当技术许可报价既能使企业 1 利润达到最大又能让企业 2 觉得接受技术许可比自己研发更能提高自身的整体收益水平时，此时的许可报价就是最优的。对于企业 2，此处我们假定当接受企业 1 的创新许可和不接受企业 1 的创新许可之间没有区别时，企业 2 会接受企业 1 的创新许可。

第三节　固定费许可

当企业 1 和企业 2 协商好通过固定费许可的方式进行技术创新许可后，企业 2 把固定许可费 F 一次性付给企业 1，F 的大小不受企业 1 产量高低的影响。此

时，$t=1$。利用逆向归纳法，我们先从第三阶段开始求解。

一、生产阶段

假定企业 1 进行创新研发成功的概率为 p，研发成功后企业 1 愿意以收取固定费用的方式把自己的创新许可给企业 2，此时逆需求函数为：

$p^F = 1 + \beta(q_1^e + q_2^e) - q_1^F - q_2^F$。

固定费用许可下，两企业的利润函数分别为：

$\pi_1^F = [1 + \beta(q_1^e + q_2^e) - q_1^F - q_2^F]q_1^F - kp^2 + F$

$\pi_2^F = [1 + \beta(q_1^e + q_2^e) - q_1^F - q_2^F]q_1^F - F$

其中，上标 F 表示固定费许可发生的情况。

由上式可以求出企业 1 和企业 2 各自的均衡产量和产品价格，具体如下：

$$q_1^F = \frac{1}{3-2\beta} \quad q_2^F = \frac{1}{3-2\beta} \quad p^F = \frac{1}{3-2\beta}$$

由 $q_1^F + q_2^F \leq 1$ 可以推断，固定费许可要想发生需满足 $\beta \leq 0.5$。

于是，固定费许可下两企业的利润分别为：

$$\pi_1^F = \frac{1}{(3-2\beta)^2} - kp^2 + F \quad \pi_2^F = \frac{1}{(3-2\beta)^2} - F \tag{5-4}$$

若企业 1 研发没有成功（概率为 $1-p$），此时许可不会发生。两家企业的均衡产量和利润见式（5-3）的结果。

二、许可阶段

企业 1 创新成功，企业 1 和企业 2 达成技术许可的协议，此时最优的固定技术许可费用满足以下条件：

$$\underset{F}{\text{Max}}\ \pi_1^F$$

$$\text{s. t. } \pi_2^F > \pi_2^{SNL}$$

由上式可得固定费的最大值为：$F_1^* = \frac{1}{(3-2\beta)^2} - \frac{\beta}{4}$。

在企业的实际运营中，在企业 2 不具备研发创新的条件或者因其他原因导致研发不能迅速实现而企业 2 又非常想通过技术创新提升自己的创新水平的情况下，企业 2 往往会通过综合比较技术许可发生和不发生时的利润大小来确定是否接受许可，因为企业 2 获得新技术后产品质量得到提升，降低了企业 1 的产品竞争力，所以许可发生前和许可发生后企业 1 的利润必须满足 $\pi_1^F \geq \pi_1^{SNL}$。命题 5-1 显示了企业 1 在哪种约束条件下才会选择进行技术许可。

命题 5-1 在产品产量足以满足市场需求的情形下（$t=\beta$），且企业 1 以概率 p 研发成功时，只有当 $0.22 \leqslant \beta \leqslant 0.5$ 时，固定费许可才可能发生，并且最优固定费用恒大于零。

证明详见附录 2。

此时，消费者剩余和社会福利的大小分别为：

$$CS^F = \int_{\theta_2}^{1} \left[\theta + \beta(q_1^e + q_2^e) - p^F \right] d\theta = \frac{2}{(3-2\beta)^2}$$

$$W^F = \pi_1^F + \pi_2^F + CS^F = \frac{4}{(3-2\beta)^2} - kp^2$$

三、研发阶段

在研发阶段，企业 1 为使自身期望利润达到最大，首先会判定自己投入多少研发费用，此时，企业 1 往往会根据研发成功的概率 p 来决定投入的研发费用的高低。

由式（5-3）和式（5-4）联合求解可得当企业 1 采取固定费用许可时，其期望利润为：

$$E\left[\pi_1^F(p)\right] = p\left[\frac{1}{(3-2\beta)^2} + \frac{1}{(3-2\beta)^2} - \frac{\beta}{4}\right] + (1-p)\left(\frac{\beta}{2}\right) - kp^2$$

关于概率 p 求一阶偏导数，并令其为零，得：

$$p^F = \frac{1}{2k}\left[\frac{2}{(3-2\beta)^2} - \frac{3\beta}{4}\right]$$

第四节　产量提成许可

当企业 1 和企业 2 共同商定以产量提成许可的方式进行技术授权时，企业 1 许可其创新技术给企业 2，企业 1 和企业 2 生产质量基本相当的产品，企业 2 将按照双方的约定按照自己的生产产量向企业 1 提交许可费用，费用标准为 $r(0<r<1)$。

一、生产阶段

若企业 1 决定实施产量提成许可且以 p 的概率研发成功，此时反需求函数为（R 表示存在产量提成许可的情形）：

$$p^R = 1+\beta(q_1^e+q_2^e)-q_1^R-q_2^R$$

当以产量提成的方式进行许可时，企业 1 和企业 2 的利润函数分别：

$$\pi_1^R = \left[1+\beta(q_1^e+q_2^e)-q_1^R-q_2^R\right]q_1^R-kp^2+rq_2^R$$

$$\pi_2^R = \left[1+\beta(q_1^e+q_2^e)-q_1^R-q_2^R\right]q_2^R-rq_2^R$$

联合上式求解可得企业 1 的均衡产量和价格以及企业 2 的均衡产量及价格分别为：

$$q_1^R = \frac{1+(1-\beta)r}{3-2\beta} \quad q_2^R = \frac{1-(2-\beta)r}{3-2\beta} \quad p^R = \frac{1+(1-\beta)r}{3-2\beta}$$

为使 $q_2^R>0$，r 需达到 $r<\frac{1}{2-\beta}$，又因 $q_1^R+q_2^R\leq1$，所以：

$$r\geq 2\beta-1$$

两企业的利润分别为：

$$\pi_1^R = \frac{\left[1+(1-\beta)r\right]^2}{(3-2\beta)^2}+\frac{r\left[1-(2-\beta)r\right]}{3-2\beta}-kp^2 \quad \pi_2^R = \frac{\left[1-(2-\beta)r\right]^2}{(3-2\beta)^2} \tag{5-5}$$

假如企业 1 的创新研发失败（概率为 $1-p$），产量提成许可将不会实施，企业 1 和企业 2 的均衡产量和利润参照式（5-3）。

二、许可阶段

若企业 1 的创新研发取得成功，企业 1 为了最大化自身的利润将会选择以最优的提成率的方式进行技术许可，以最大化其利，则：

$$\underset{r}{Max}\pi_1^R$$

$$s.t. \ \pi_2^R\geq\pi_2^{SNL}$$

上式表明，企业 1 最优的产量提成率的标准是：企业 2 接受许可，且企业 1 的利润能达到最大化。

然后，为计算企业 2 的最优的提成率，我们分三个阶段来求解上述具有约束条件的最优化问题。

首先，求出企业 2 能够接受的产量提成率的最大值。因为 $\pi_2^R=\frac{\left[1-(2-\beta)r\right]^2}{(3-2\beta)^2}$ 关于 r 递减，因此企业 2 的最高提成率由 $\pi_2^R-\pi_2^{SNL}=0$ 可求解，即 $\pi_2^R=\pi_2^{SNL}$，通过计算可得企业 2 接受许可时其产量提成率最大值为：

$$r_1 = \frac{2-(3-2\beta)\sqrt{\beta}}{2(2-\beta)}$$

其次，我们求解在不考虑企业 2 接受技术许可与否的情形下，企业 1 所能获得的最大产量提成率。

由式（5-5），令$\frac{\partial \pi_1^R}{\partial r}=0$可得：

$$r_2=\frac{5-4\beta}{2(5-5\beta+\beta^2)}$$

于是，企业 1 能索取的最优提成率为 $r^*=\min(r_1,\ r_2)$。

由于 r_1-r_2 关于 β 的图如图 5-1 所示。

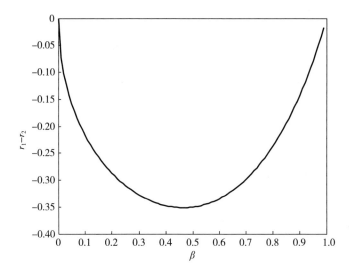

图5-1 $\boldsymbol{\beta}$ 的变化对 r_1 和 r_2 大小关系的影响

于是 $r^*=\min(r_1,\ r_2)=r_1$。

此外，由上文中 $q_1^R+q_2^R\leqslant 1$ 时，$r_1\geqslant 2\beta-1$，且为确保 $q_2^R>0$，单位提成率 r_1 需满足 $r_1<\frac{1}{2-\beta}$，那么需要 $2\beta-1<\frac{1}{2-\beta}$，于是 β 的变化对 $\frac{1}{2-\beta}$ 和 $2\beta-1$ 大小关系的影响如图 5-2 所示。

易知其恒成立。

此外，要满足 $r_1\geqslant 2\beta-1$，且有 $r_1-(2\beta-1)$ 关于 β 的图如图 5-3 所示。

于是，当 $0\leqslant\beta\leqslant 0.6096\approx 0.61$ 时，有 $r_1\geqslant 2\beta-1$ 成立。要满足 $r_1<\frac{1}{2-\beta}$，且有 $\frac{1}{2-\beta}-r_1$ 关于 β 的变化趋势图，β 的变化对 r_1 和 $\frac{1}{2-\beta}$ 大小关系的影响如

图 5-4 所示。

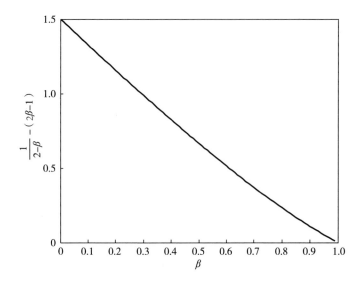

图 5-2　β 的变化对 $\dfrac{1}{2-\beta}$ 和 $2\beta-1$ 大小关系的影响

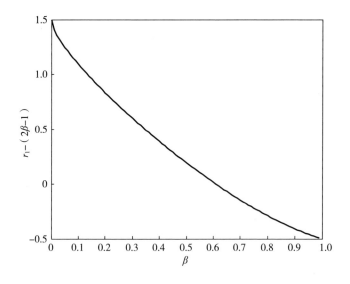

图 5-3　β 的变化对 r_1 和 $2\beta-1$ 大小关系的影响

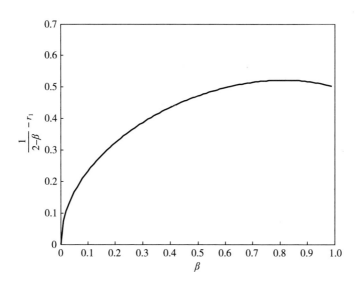

图5-4 β 的变化对 r_1 和 $\dfrac{1}{2-\beta}$ 大小关系的影响

易知 $r_1 < \dfrac{1}{2-\beta}$ 恒成立。

综上所述,当 $0 \leqslant \beta \leqslant 0.61$ 时,产量提成许可发生。

命题5-2 在非显著性创新下,若市场完全覆盖（即 $t=\beta$）且企业1以概率 p 研发成功,当且仅当 $0 \leqslant \beta \leqslant 0.61$ 时,产量提成许可发生。且单位提成率为 $r^* = r_1 = \dfrac{2-(3-2\beta)\sqrt{\beta}}{2(2-\beta)}$。

产量提成许可下,消费者剩余和社会福利分别为:

$$CS^R = \int_{\theta_2}^{1} [\theta + \beta(q_1^e + q_2^e) - p^R] d\theta$$

$$= \frac{3 - (3 - 4\beta + \beta^2)(r^*)^2 - [1 + (1-\beta)r^*]^2 - [1 - (2-\beta)r^*]^2}{(3-2\beta)^2} -$$

$$\frac{r^*[1 - (2-\beta)r^*]}{3-2\beta}$$

$$W^R = \pi_1^R + \pi_2^R + CS^R = \frac{3 - (3 - 4\beta + \beta^2)(r^*)^2}{(3-2\beta)^2} - kp^2$$

三、研发阶段

在此阶段,企业在进行决策时为最大化自己的期望利润,通常会在进行研发投入决策时考虑研发成功的概率 p 的大小。

企业 1 的期望利润 $E[\pi_1^R(p)]$ 为：

$$E(\pi_1^R(p)) = p\left\{\frac{[1+(1-\beta)r]^2}{(3-2\beta)^2} + \frac{r[1-(2-\beta)r]}{3-2\beta}\right\} + (1-p)\left(\frac{\beta}{2}\right) - kp^2$$

关于 p 求一阶偏导，由一阶条件得：

$$p^R = \frac{1}{2k}\left\{\frac{[1+(1-\beta)r]^2}{(3-2\beta)^2} + \frac{r[1-(2-\beta)r]}{3-2\beta} - \frac{\beta}{2}\right\}$$

其中，$r = \dfrac{2-(3-2\beta)\sqrt{\beta}}{2(2-\beta)}$。

第五节　两部制许可

当两家企业通过许可契约以两部制的方式进行许可时，企业 2 先向企业 1 交付固定许可费 F，然后再依据自己的产品生产量以 $r(0 < r < 1)$ 的单位产量提成率向企业 1 交付另一部分许可费用，企业 1 将自己的创新许可给企业 2 后，产品 1 和产品 2 使用相同的技术生产质量无异的产品。

一、生产阶段

假如企业 1 决定实施两部制许可且以 p 的概率研发成功，此时反求函数为：

$$p^{FR} = 1 + \beta(q_1^e + q_2^e) - q_1^{FR} - q_2^{FR}$$

两部制许可下，两企业的利润函数分别为：

$$\pi_1^{FR} = \pi_1^R + F = \frac{[1+(1-\beta)r]^2}{(3-2\beta)^2} + \frac{r[1-(2-\beta)r]}{3-2\beta} - kp^2 + F$$

$$\pi_2^{FR} = \pi_2^R - F = \frac{[1-(2-\beta)r]^2}{(3-2\beta)^2} - F$$

其中，上标 FR 表示两部制许可发生的情况。

且企业 1 和企业 2 的均衡产量和价格分别为：

$$q_1^{FR} = \frac{1+(1-\beta)r}{3-2\beta} \quad q_2^{FR} = \frac{1-(2-\beta)r}{3-2\beta} \quad p^{FR} = \frac{1+(1-\beta)r}{3-2\beta} \tag{5-6}$$

若企业 1 研发失败（概率为 $1-p$），两部制许可在企业 1 和企业 2 间不会发生，企业 1 和企业 2 的均衡产量的值和利润值见式（5-3）。

二、许可阶段

若企业 1 创新研发成功，企业 1 为使自身利润最大化，会以最优的固定费和最大的提成率来作为进行技术许可决策的依据，此时，最优化问题可表示为：

$$\underset{F,r}{\text{Max}}\pi_1^{FR}$$

$$\text{s. t. } \pi_2^{FR}=\pi_2^R-F\geqslant\pi_2^{SNL}$$

令 $\pi_2^R-F-\pi_2^{SNL}=0$，则企业 2 愿意支付的最大固定费 F_2^* 为

$$F_2^*=\frac{[1-r(2-\beta)]^2}{(3-2\beta)^2}-\frac{\beta}{4}$$

将 F_2^* 的值代入企业 1 的利润函数得：

$$\pi_1^{FR}=\frac{[1+(1-\beta)r]^2+[1-r(2-\beta)]^2}{(3-2\beta)^2}+\frac{r[1-(2-\beta)r]}{3-2\beta}-\frac{\beta}{4}-kp^2,$$ 关于 r 求一阶偏导

数，于是，可得到最优提成率为：

$$r_3=\begin{cases}\dfrac{1-2\beta}{2(1-\beta)} & \beta\leqslant0.5 \\ 0 & \beta>0.5\end{cases}$$

企业 2 愿意支付的最大提成费为 $r_1=\dfrac{2-(3-2\beta)\sqrt{\beta}}{2(2-\beta)}$，于是当 $\beta\leqslant0.5$ 时，r_1-r_3 关于 β 的变化曲线如图 5-5 所示。

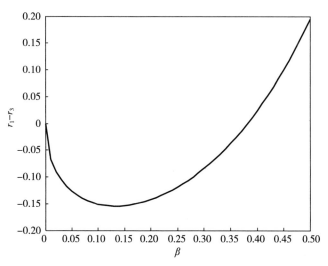

图 5-5　β 的变化对 r_1 和 r_3 大小关系的影响

于是，当 $0 \leq \beta \leq 0.3820 \approx 0.38$ 时，$r^* = \min(r_1, r_3) = r_1$；当 $0.38 < \beta \leq 0.5$ 时，$r^* = \min(r_1, r_3) = r_3$。

且由上文中易知当 $0 \leq \beta \leq 0.38$ 时，有 $r_1 \geq 2\beta - 1$ 与 $r_1 < \dfrac{1}{2-\beta}$ 恒成立。于是，当 $0.38 < \beta \leq 0.5$ 时，$r_3 < \dfrac{1}{2-\beta}$ 恒成立。当 $0.38 < \beta \leq 0.5$ 时，要满足 $r_3 \geq 2\beta - 1$，且有 $r_3 - (2\beta - 1)$ 关于 β 的图如图 5-6 所示。

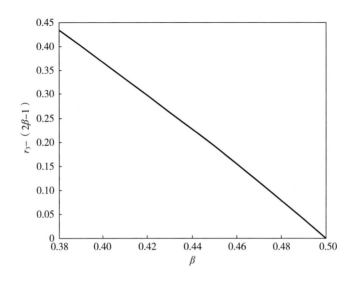

图 5-6　β 的变化对 r_3 和 $2\beta-1$ 大小关系的影响

于是，$r_3 \geq 2\beta - 1$ 恒成立。

命题 5-3　当产品提供量能够无限接近或等于市场需求时（$t = \beta$），企业 1 选择两部制许可的条件是 $0 \leq \beta \leq 0.5$，且当 $0 \leq \beta \leq 0.38$ 时，$r^* = \min(r_1, r_3) = r_1$；当 $0.38 < \beta \leq 0.5$ 时，$r^* = \min(r_1, r_3) = r_3$。

两部制许可下，消费者剩余和社会福利分别为：

$$CS^{FR} = \frac{3 - (3 - 4\beta + \beta^2)(r^*)^2 - [1 + (1-\beta)r^*]^2 - [1 - (2-\beta)r^*]^2}{(3-2\beta)^2} - \frac{r^*[1 - (2-\beta)r^*]}{3-2\beta}$$

$$W^{FR} = \pi_1^{FR} + \pi_2^{FR} + CS^{FR} = \frac{3 - (3 - 4\beta + \beta^2)(r^*)^2}{(3-2\beta)^2} - kp^2$$

其中，当 $0 \leq \beta \leq 0.38$ 时，$r^* = \min(r_1, r_3) = r_1$；当 $0.38 < \beta \leq 0.5$ 时，$r^* = \min(r_1, r_3) = r_3$。

三、研发阶段

在此阶段，企业 1 依然是经济人，追求期望利润的最大目标的实现，往往在进行研发投入决策时，要考虑研发创新成功的概率 p 的高低，此时，对企业 1 来讲，其期望利润函数为 $E[\pi_1^{FR}(p)]$，且有

$$E[\pi_1^{FR}(p)]=p\left\{\frac{[1+(1-\beta)r]^2+[1-r(2-\beta)]^2}{(3-2\beta)^2}+\frac{r[1-(2-\beta)r]}{3-2\beta}-\frac{\beta}{4}\right\}+$$

$$(1-p)\left(\frac{\beta}{2}\right)-kp^2$$

关于 p 求一阶偏导，由一阶条件得：

$$p^{FR}=\frac{1}{2k}\left\{\frac{[1+(1-\beta)r]^2+[1-r(2-\beta)]^2}{(3-2\beta)^2}+\frac{r[1-(2-\beta)r]}{3-2\beta}-\frac{3\beta}{4}\right\}$$

其中，当 $0\leq\beta\leq0.38$ 时，$r^*=\min(r_1,r_3)=r_1=\frac{2-(3-2\beta)\sqrt{\beta}}{2(2-\beta)}$；当 $0.38<\beta\leq0.5$ 时，$r^*=\min(r_1,r_3)=r_3=\frac{1-2\beta}{2(1-\beta)}$。

第六节　最优许可策略的分析比较

在此部分，我们根据前面三种许可策略下企业 1 和企业 2 的均衡产量、最大利润和每种许可策略下的社会福利的大小进行比较分析，以找出对企业 1 来说最适合的技术许可决策。

一、两部制许可与单位产量提成许可的比较

若两部制许可与单位产量提成许可都具备发生的条件，此时对于许可方来说选择哪一种许可策略对自己最有利，具体分析如下：

首先，当 $0\leq\beta\leq0.38$ 时，$p^{FR}-p^R=\frac{1}{2k}\left\{\frac{[1-r_1(2-\beta)]^2}{(3-2\beta)^2}-\frac{\beta}{4}\right\}\approx0$，$F_2^*=\frac{[1-r_1(2-\beta)]^2}{(3-2\beta)^2}-\frac{\beta}{4}\approx0$，如图 5-7 所示。

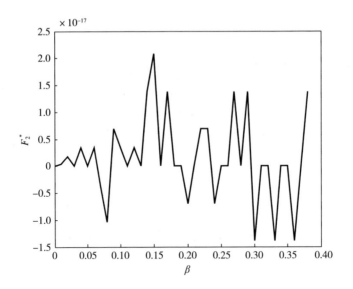

图 5-7 β 的变化对 F_2^* 的影响

因此，当 $0 \leqslant \beta \leqslant 0.38$ 时，两部制许可与产量提成许可发生的概率相同，两部制许可退化成产量提成许可，且有 $E[\pi_1^{FR}(p)] - E[\pi_1^R(p)] \approx 0$，如图 5-8 所示。

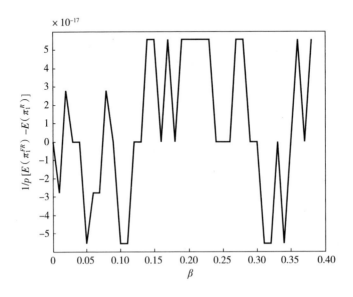

图 5-8 β 的变化对 $E(\pi_1^{FR})$ 和 $E(\pi_1^R)$ 大小关系的影响

于是当 $0 \leqslant \beta \leqslant 0.38$ 时，企业 1 将选择产量提成许可，这样的许可决策才是最优的。

其次，当 $0.38 < \beta \leqslant 0.5$ 时，

$$p^{FR} - p^R = \frac{1}{2k} \left\{ \frac{[1 + (1-\beta)r_3]^2 + [1 - r_3(2-\beta)]^2}{(3-2\beta)^2} + \frac{r_3[1 - (2-\beta)r_3]}{3-2\beta} - \frac{\beta}{4} - \frac{[1 + (1-\beta)r_1]^2}{(3-2\beta)^2} - \frac{r_1[1 - (2-\beta)r_1]}{3-2\beta} \right\}$$

β 的变化对 $2k(p^{FR} - p^R)$ 的影响如图 5-9 所示。

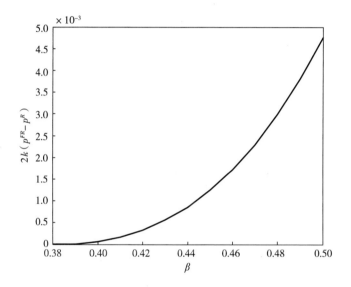

图 5-9 β 的变化对 $2k(p^{FR} - p^R)$ 的影响

于是，当 $0.38 < \beta \leqslant 0.5$ 时，两部制许可发生的概率大于单位产量提成许可发生的概率，并且 $E[\pi_1^{FR}(p)] - E[\pi_1^R(p)] > 0$，如图 5-10 所示。

因此，当 $0.38 < \beta \leqslant 0.5$ 时，企业 1 将会选择两部制许可，此时才能达到决策最优。

最后，当 $0.5 < \beta \leqslant 0.61$ 时，两部制许可不发生，此时企业 1 将进行产量提成许可。综上可得命题 5-4：

命题 5-4 当 $0 \leqslant \beta \leqslant 0.38$ 时，采取两部制许可的概率等同于产量提成许可的概率，即有 $E[\pi_1^{FR}(p)] - E[\pi_1^R(p)] \approx 0$，此时两部制许可进一步退化，基本等同于产量提成许可；当 $0.38 < \beta \leqslant 0.5$ 时，企业 1 实施两部制许可的概率大于其

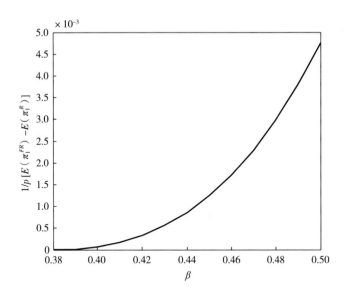

图 5-10 β 的变化对 $E(\pi_1^{FR})$ 和 $E(\pi_1^R)$ 大小关系的影响

实施产量提成许可的概率，并且 $E[\pi_1^{FR}(p)]-E[\pi_1^R(p)]>0$，选择两部制许可；当 $0.5<\beta\leqslant0.61$ 时，两部制许可不发生，此时采取产量提成许可是企业 1 的首选。

二、两部制许可与固定费许可的比较

首先，当 $0\leqslant\beta\leqslant0.22$ 时，不可能有固定费许可发生。此时，两部制许可是企业 1 最佳选择。

其次，当 $0.22<\beta\leqslant0.38$ 时，

$$p^{FR}-p^F=\frac{1}{2k}\left\{\frac{[1+(1-\beta)r_1]^2+[1-r_1(2-\beta)]^2-2}{(3-2\beta)^2}+\frac{r_1[1-(2-\beta)r_1]}{3-2\beta}\right\}$$

β 的变化对 $2k(p^{FR}-p^F)$ 的影响如图 5-11 所示。

于是，当 $0.22<\beta\leqslant0.38$ 时，两部制许可发生的概率大于固定费许可发生的概率，并且 $E[\pi_1^{FR}(p)]-E[\pi_1^F(p)]>0$，如图 5-12 所示。

因此，当 $0.22<\beta\leqslant0.38$ 时，企业 1 将会选择两部制许可。

最后，当 $0.38<\beta\leqslant0.5$ 时

$$p^{FR}-p^F=\frac{1}{2k}\left\{\frac{[1+(1-\beta)r_3]^2+[1-r_3(2-\beta)]^2-2}{(3-2\beta)^2}+\frac{r_3[1-(2-\beta)r_3]}{3-2\beta}\right\}$$

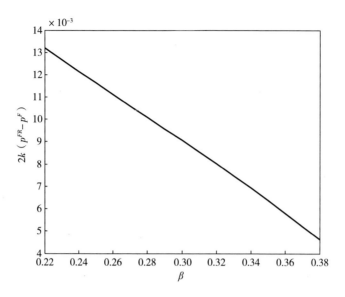

图 5-11 β 的变化对 $2k(p^{FR}-p^{F})$ 的影响

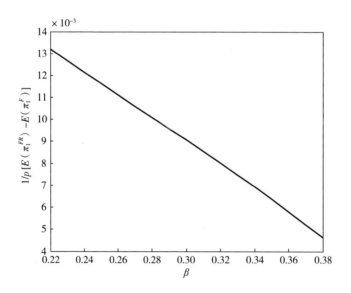

图 5-12 β 的变化对 $E(\pi_{1}^{FR})$ 和 $E(\pi_{1}^{F})$ 大小关系的影响

β 的变化对 $2k(p^{FR}-p^{F})$ 的影响如图 5-13 所示。

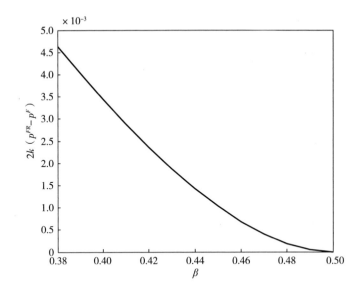

图 5-13　β 的变化对 $2k(p^{FR}-p^{F})$ 的影响

于是，当 $0.38<\beta\leqslant0.5$ 时，两部制许可发生的概率大于固定费许可发生的概率，并且 $E[\pi_1^{FR}(p)]-E[\pi_1^{F}(p)]>0$，如图 5-14 所示。

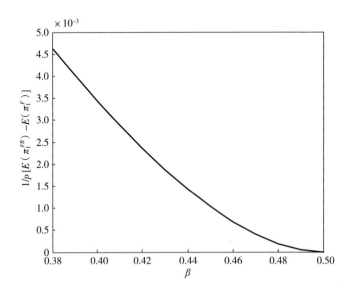

图 5-14　β 的变化对 $E(\pi_1^{FR})$ 和 $E(\pi_1^{F})$ 大小关系的影响

因此，当 $0.38<\beta\leq0.5$ 时，企业 1 将选择两部制进行许可。

综上可得命题 5-5：

命题 5-5 无论网络效应强度（两企业间产品质量的相对差异程度）大小如何，两部制许可总是优于固定费许可。

三、固定费许可与产量提成许可的比较

首先，当 $0\leq\beta\leq0.22$ 时，此时，不可能有固定费许可发生，产量提成许可策略是企业 1 的最佳选择。

其次，当 $0.22<\beta\leq0.5$ 时

$$p^R-p^F=\frac{1}{2k}\left\{\frac{\left[1+(1-\beta)r_1\right]^2-2}{(3-2\beta)^2}+\frac{r_1\left[1-(2-\beta)r_1\right]}{3-2\beta}+\frac{\beta}{4}\right\}。\beta$$ 的变化对 $2k(p^R-p^F)$
的值的大小变化的影响如图 5-15 所示。

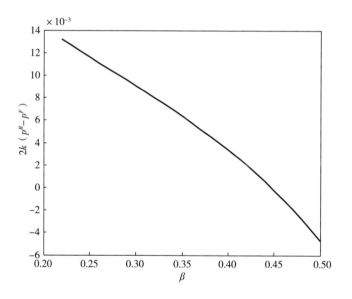

图 5-15 β 的变化对 $2k(p^R-p^F)$ 的影响

当 $0.22<\beta\leq0.45$ 时，产量提成许可发生的概率大于固定费许可发生的概率。当 $0.45<\beta\leq0.5$ 时，固定费许可发生的概率大于产量提成许可发生的概率，$E\left[\pi_1^R(p)\right]-E\left[\pi_1^F(p)\right]$ 关于 β 的变化规律见 β 的变化对 $E(\pi_1^R)$ 和 $E(\pi_1^F)$ 大小的影响图，具体如图 5-16 所示。

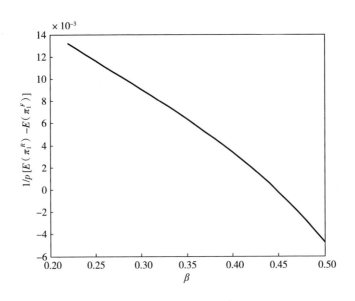

图 5-16 β 的变化对 $E(\pi_1^R)$ 和 $E(\pi_1^F)$ 大小关系的影响

于是，当 $0.22<\beta\leqslant0.45$ 时，选择产量提成许可；当 $0.45<\beta\leqslant0.5$ 时，选择固定费许可。

最后，当 $0.5<\beta\leqslant0.61$ 时，固定费许可不发生，此时将进行产量提成许可。

综上可得命题 5-6：

命题 5-6 当 $0\leqslant\beta\leqslant0.22$ 时，固定费许可不发生，因此，选择产量提成许可；当 $0.22<\beta\leqslant0.45$ 时，产量提成许可发生的概率大于固定费许可发生的概率，且 $E[\pi_1^R(p)]>E[\pi_1^F(p)]$，此时产量提成许可是企业 1 的首选；当 $0.45<\beta\leqslant0.5$ 时，从许可产生概率的大小来看，固定费许可大于产量提成许可，且 $E[\pi_1^R(p)]<E[\pi_1^F(p)]$，此时，固定费许可是企业 1 的首选；当 $0.5<\beta\leqslant0.61$ 时，产量提成许可是企业 1 的首选。

命题 5-7 当三种许可策略均有可能发生时（$0.22<\beta\leqslant0.5$），两部制许可始终占优于固定费许可与单位产量提成许可。

四、不同许可策略下消费者剩余与社会福利的比较

只有在 $0.22<\beta\leqslant0.5$ 时，三种许可均有可能发生，因此仅在此情形下进行比较。当 $0.22<\beta\leqslant0.38$ 时，由图 5-17 可以直观地看出三种许可策略下消费者剩余之间的大小关系。

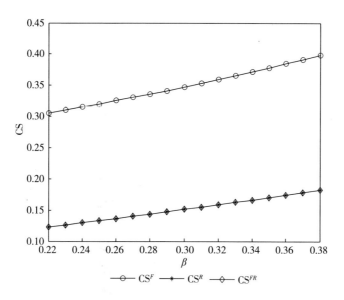

图 5-17 β（0.22<β≤0.38）的变化对不同许可策略下消费者剩余的影响

当 0.38<β≤0.5 时，由图 5-18 可以直观地看出三种许可策略下消费者剩余之间的大小关系。

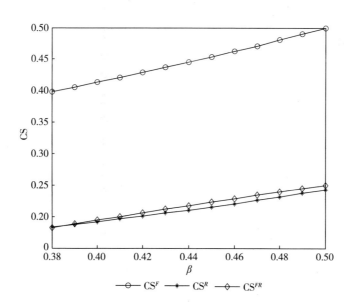

图 5-18 β（0.38<β≤0.5）的变化对不同许可策略下消费者剩余的影响

由上述图形可得命题 5-8：

命题 5-8　当三种许可策略均有可能发生时（即 $0.22 \leqslant \beta \leqslant 0.5$），固定费许可条件下的消费者剩余是最高的，其次是两部制许可，产量提成许可时的消费者剩余最低。并且三种许可下，消费者剩余均随着网络强度 β 的增大而增大。分析三种许可策略下的社会福利可以发现，只有在 $0.22 \leqslant \beta \leqslant 0.5$ 时，三种许可均有可能发生，因此仅在此情形下进行比较。

两部制许可与产量提成许可的比较：

当 $0.22 \leqslant \beta \leqslant 0.38$ 时，$W^{FR} - W^R = 0$。

当 $0.38 < \beta \leqslant 0.5$ 时，$W^{FR} - W^R$ 关于 β 的变化值如图 5-19 所示。

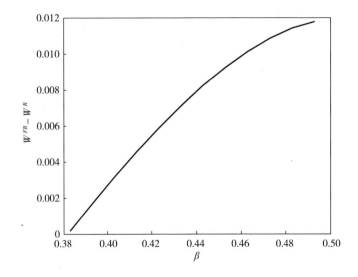

图 5-19　$\beta\,(0.38 < \beta \leqslant 0.5)$ 的变化对 $W^{FR} - W^R$ 关系的影响

两部制许可与固定费许可的比较：

当 $0.22 \leqslant \beta \leqslant 0.38$ 时，$W^{FR} - W^F$ 关于 β 的变化趋势如图 5-20 所示。

当 $0.38 < \beta \leqslant 0.5$ 时，$W^{FR} - W^F$ 关于 β 的变化趋势如图 5-21 所示。

产量提成许可与固定费许可的比较：

当 $0.22 \leqslant \beta \leqslant 0.5$ 时，$W^R - W^F$ 关于 β 的变化趋势如图 5-22 所示。

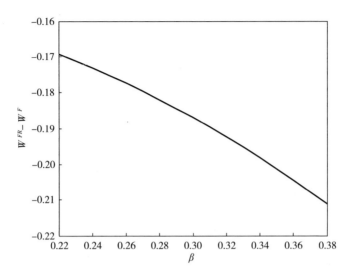

图 5-20　$\beta(0.22 \leqslant \beta \leqslant 0.38)$ 的变化对 $W^{FR} - W^F$ 关系的影响

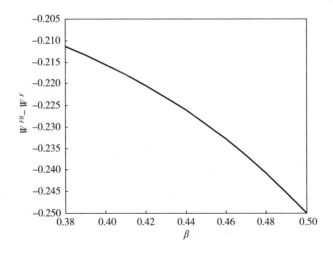

图 5-21　$\beta(0.38 < \beta \leqslant 0.5)$ 的变化对 $W^{FR} - W^F$ 关系的影响

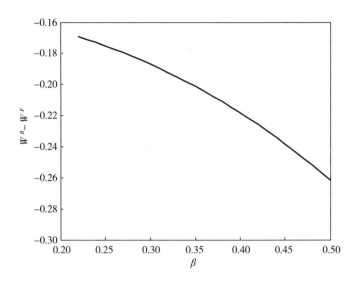

图 5-22　$\beta(0.22 \leqslant \beta \leqslant 0.5)$ 的变化对 $W^R - W^F$ 关系的影响

由上述图形变化趋势分析可得出命题 5-9：

命题 5-9　当三种许可策略均有可能发生时（$0.22 \leqslant \beta \leqslant 0.5$），固定费许可条件下的社会福利是最高的，其次是两部制许可，产量提成许可时的社会福利最低。

第七节　本章小结

本章考虑在 R&D 结局不确定的情况下，在网络产品市场上，针对质量改进性技术创新如何进行技术许可的问题进行了研究。本章通过建立一个包含研发、许可与生产的三阶段的博弈模型来展开研究，通过模型的计算求解来分析产品的网络效应和质量差异对随机研发企业最优许可策略的影响。分固定费许可、单位产量提成许可和两部制许可三种许可情形，从许可方期望利润最大化的角度，对许可方的许可决策进行了研究，并分析了不同许可策略下的消费者剩余和社会福利的大小。本章我们重点研究了在哪些条件下更适合采取哪种类型的许可策略，并对不同许可策略下的企业收益、消费者收益及社会收益三个方面进行了比较分析，通过本章的建模计算和分析，在 R&D 结局不确定的情况下，我们发现：

当网络效应强度较小（或两企业间产品质量的相对差异程度较小）时（$0.22 < \beta \leqslant 0.5$），三种许可策略均有可能发生，此时两部制许可始终优于固定费

许可和单位产量提成许可，且固定费许可下的社会福利最高，其次是两部制许可，单位产量提成许可下的社会福利最低。当网络效应强度处于 $0.5<\beta\leq0.61$ 时，两部制许可不发生，此时采取产量提成许可是企业 1 的首选。当网络效应强度较大（或两企业间产品质量的相对差异程度较大）时（$0.61<\beta\leq1$），三种许可策略均不会发生，此时创新者会选择垄断市场。具体如下：

（1）当 $0<\beta\leq0.38$ 时，采取两部制许可的概率等同于产量提成许可的概率，即有 $E[\pi_1^{FR}(p)]-E[\pi_1^R(p)]\approx0$，此时两部制许可进一步退化，基本等同于产量提成许可；当 $0.38<\beta\leq0.5$ 时，企业 1 实施两部制许可的概率大于其实施产量提成许可的概率，并且 $E[\pi_1^{FR}(p)]-E[\pi_1^R(p)]>0$，选择两部制许可；当 $0.5<\beta\leq0.61$ 时，两部制许可不发生，此时采取产量提成许可是企业 1 的首选。

（2）当 $0\leq\beta\leq0.22$ 时，固定费许可不发生，因此，选择产量提成许可；当 $0.22<\beta\leq0.45$ 时，产量提成许可发生的概率大于固定费许可发生的概率，且 $E[\pi_1^R(p)]>E[\pi_1^F(p)]$，此时产量提成许可是企业 1 的首选；当 $0.45<\beta\leq0.5$ 时，从许可产生概率的大小角度来看，固定费许可大于产量提成许可，且 $E[\pi_1^R(p)]<E[\pi_1^F(p)]$，此时，固定费许可是企业 1 的首选；当 $0.5<\beta\leq0.61$ 时，产量提成许可是企业 1 的首选。

（3）当 $0.22<\beta\leq0.5$ 时，此时三种许可策略均有可能发生，两部制许可始终占优于固定费许可与单位产量提成许可。

（4）当 $0.22<\beta\leq0.5$ 时，固定费许可条件下的消费者剩余是最高的，其次是两部制许可，产量提成许可下的消费者剩余最低。并且在三种许可下，消费者剩余均随着网络强度 β 的增大而增大。分析三种许可策略下的社会福利可以发现，只有在 $0.22<\beta\leq0.5$ 时，三种许可均有可能发生。

（5）当 $0.22<\beta\leq0.5$ 时，固定费许可条件下的社会福利是最高的，其次是两部制许可，产量提成许可下的社会福利最低。

第六章 混合竞争模式下的
最优许可决策

本章研究的依然是技术许可最新的研究趋势中的第五个趋势，即侧重质量改进性技术创新的问题。本章从混合竞争的角度对第四章针对质量改进性工艺技术创新进一步细化研究，其细化切入点和第五章的基于研发结局不确定的情形下的网络产品的工艺创新技术的技术许可决策的研究视角不太一样，本章研究在一个双寡头竞争市场上，采取混合竞争（Cournot-Bertrand 或 Bertrand-Cournot）模式的两寡头企业间怎样进行基于质量改进性工艺创新技术的技术许可决策问题，并进一步从供应链的角度考虑供应商这一因素对创新者技术许可决策的影响问题。

第一节 引言

随着市场经济的发展，以创新为基础的竞争越来越激烈，技术许可因其在创新开发和商业化方面的价值受到越来越多企业的关注。由于技术许可并不转让所有权，因此，许可方可以通过有偿的方式允许被许可方使用自己的创新技术，对于创新能力较低的企业来说，技术许可是提高其竞争力的一种快速有效的方式。从消费者的角度来看，新的竞争对手的加入会导致市场竞争的加剧，而市场竞争的加剧意味着消费者有更多的可选择产品和相对更低的价格。因此，技术许可不仅加速了创新技术的传播，也促进了相关行业的健康发展。技术许可在制药、软件、生物燃料、生物技术、计算机和电子工业等行业中被广泛使用。越来越多的企业认为，技术许可可以产生收入，是商业战略的关键组成部分。IBM 和得克萨斯仪器的专利使用费收入率先突破了每年 10 亿美元；据估计，微软和爱立信每年的技术许可收入超过 20 亿美元；高通作为行业专利许可的领头羊，其专利许可收入每年可超过 66 亿美元；诺基亚在将其手机业务出售给微软之前的 2012 年，公布了其专利许可收入为每年 6.43 亿美元，因此，技术许可无论是从理论上还是从实践上来看都是非常值得研究的。

尽管现有的关于技术许可的文献从不同的角度如产品差异化、模仿成本、创新规模、双方议价能力、网络效应等进行了较深入的研究。但是这些文献有一个共同点，即都忽略了在不同的混合竞争模式下，从供应链的角度考虑供应商这一因素对创新者技术许可决策的影响问题。正如许多文献指出的，混合竞争策略对市场均衡和社会福利的影响与单一竞争模式的影响不同。与此同时，随着供应链的发展，上下游企业之间的关系越来越密切，研究表明，整个供应链的整合是越来越多的行业的总体发展趋势，上游供应商积极参与到下游企业的生产管理过程中来，可以极大地提高下游企业的生产管理效率，使企业可以有更多的时间进行核心业务流程的管理，能够在很大程度上降低其内部运营的成本。

第二节　问题描述与假设

一、研究问题描述

技术许可作为企业行为的重要组成部分，在产业组织文献中引起了广泛的关注。大多现存的关于技术许可决策的文献都假设企业参与的是 Cournot 或 Bertrand 竞争，而对 Cournot 和 Bertrand 混合竞争的市场结构还鲜有研究，并且这种混合竞争模式很可能会影响技术许可方的技术许可决策。我们发现，当前大多数有关内部许可的文献尽管是在混合竞争的背景下研究的，但是都没有考虑上游供应商的角色。Arya 和 Mittendorf（2006）研究了垂直相关市场中两家生产同质产品的企业对最佳技术许可策略的选择问题，并认为许可企业在进行技术许可时必须在竞争性和供应商定价效应之间进行权衡，该研究结果表明：技术许可可以使包括许可方、被许可方、供应商和消费者在内的各方成员都从中获益，并且上游供应商对下游创新企业的许可策略具有重要的影响。我们本章的研究将上述模型推广到混合竞争下的差异化双寡头垄断市场情形，研究在差异化双寡头垄断市场上，在 Cournot-Bertrand 或 Bertrand-Cournot 混合竞争模式下，考虑一家上游供应商、两家相互竞争的下游生产企业的情形，其中一家下游企业拥有创新技术，而另一家下游企业没有创新技术，此时，创新企业采取哪种技术许可策略把自己的创新技术许可给竞争企业才会最优的问题。

本部分在两个方面不同于以往的文献：首先，研究了不同混合竞争模式下许可方的最优许可策略；其次，在存在差异化的产品市场上考虑了供应商决策对下游技术创新企业的技术许可决策的影响问题。因此，本部分的一个最大的贡献就是将垂直市场和混合竞争这两个要素结合起来研究技术许可决策问题，通过一系列数理模型的构建和推导，证明了上游供应商的批发价格对于下游企业技术许可策略确实有影响的结论。

本部分主要解决三个问题：首先，创新者在什么情形下愿意将其技术授权给其他竞争企业；其次，在混合竞争模式下，许可方采取哪种许可策略才是最佳的，产品之间的替代程度是如何影响许可方的许可决策选择的；最后，创新企业进行不同的技术许可决策对市场中其他参与者的伴随效应（消费者剩余、社会福利）是怎样的。

二、模型构建

考虑一个双寡头垄断的市场结构，即市场上存在企业 1 和企业 2，其中，企业 1 拥有一项创新技术，而企业 2 没有创新技术，企业 1 和企业 2 在同一个产品市场上产生竞争，企业 2 可以选择接受企业 1 的技术许可，也可以自己研发新的创新技术。如果技术许可不发生的话，企业 1 就会成为市场的垄断者。为了简便起见，我们假设企业 2 在没有许可证的情况下不拥有生产创新产品的技术，同时企业 2 的产品是不完美的替代品。此外，他们都需要一个供应商来提供关键原材料或关键零部件，其中一个单位的原材料成本是固定的 c。我们将企业投入生产的边际成本归零，采用线性需求的标准差异化双寡头垄断（Dixit，1979）函数，企业 1 和企业 2 的线性逆需求函数分别是 $p_1(q_1, q_2) = a - q_1 - dq_2$ 和 $p_2(q_1, q_2) = a - q_2 - dq_1$。其中，$a$ 为消费者购买一个单位垂直差异化产品的最高价格，且 $a > c$；p_i 是企业的产品价格且 q_i 是企业的产量，（$i = 1, 2$）。系数 d（$d \in [0, 1]$）表示企业 1 和企业 2 生产的两种产品之间的替代程度，d 越大，产品之间的替代程度就越大，即两产品之间的差异就越小，假如 $d = 0$，则市场需求是独立的；假如 $d = 1$，则两企业生产的产品是完美的替代品。

我们可以得到两家企业关于价格的需求函数为 $q_1(p_1, p_2) = \dfrac{a(1-d) + dp_2 - p_1}{1 - d^2}$

和 $q_2(p_1, p_2) = \dfrac{a(1-d) + dp_1 - p_2}{1 - d^2}$，当商品是替代品时，它们的价格会下降，而竞争对手的价格会上升。在 Cournot-Bertrand 竞争下，需求函数是 $p_1 = a(1-d) - (1-d)^2 q_1 + dp_2$ 和 $q_2 = a - p_2 - dq_1$。在 Bertrand-Cournot 竞争下其需求函数是 $q_1 = a - p_1 - dq_2$ 和 $p_2 = a(1-d) - (1-d)^2 q_2 + dp_1$。

在本章中，为了在混合竞争下易于区分，我们把企业 i 的利润用 π_{ij}^{kl} 表示，此时，$k, l = B, C$；$i = 1, 2, S$；$j = N, F, R$。N 表示没有许可，F 表示固定费用，R 代表产量提成许可。CS_j^{kl} 和 W_j^{kl} 表示相应的消费者剩余和社会福利。例如，π_{1N}^{CB} 表示当许可在 Cournot-Bertrand 竞争下不发生时企业 1 的利润；CS_N^{kl} 表示在此情况下的消费者剩余。

第三节　不进行技术许可的情形

我们首先考虑的是在 Cournot 垄断市场的情形，该情形下技术许可并不发生，对该情形计算是为了更好地作为基准值与其他市场情形下的计算结果相比较。也就是说，此情形下假设企业 2 在市场上不存在，企业 1 是垄断者。根据上面的模型，我们可以用逆向归纳法得到均衡值。此时，市场需求函数变成 $p = a - q_1$。假设供应商制定的批发价格为 w_1，企业 1 会选择最优的产量来最大化其利润，其最大化利润为：

$$\max_{q_1}(a - q_1)q_1 - w_1 q_1 \tag{6-1}$$

对式（6-1）求其关于 q_1 的一阶偏导得：

$$q_1 = \frac{a - w_1}{2} \tag{6-2}$$

供应商制定批发价格 w_1 时的最大化利润为：

$$\underset{w_1}{\text{Max}}(w_1 - c)q_{1N}^{CB} \tag{6-3}$$

把 w_{1N}^{CB} 代入式（6-2）可得：

$$w_{1N}^{CB} = \frac{a + c}{2} \text{和} q_{1N}^{CB} = \frac{a - c}{4} \tag{6-4}$$

在这种情况下，我们得到企业 1 和供应商的均衡利润：

$$\pi_{1N}^{CB} = \frac{(a - c)^2}{16}, \quad \pi_{SN}^{CB} = \frac{(a - c)^2}{8} \tag{6-5}$$

此时，消费者剩余为：

$$CS_N^{CB} = \int_0^{q_{1N}^{CB}}(q_{1N}^{CB} - q)dq = \frac{1}{2}(q_{1N}^{CB})^2 = \frac{(a - c)^2}{32} \tag{6-6}$$

此时，社会福利为：

$$W_N^{CB} = \pi_{1N}^{CB} + \pi_{SN}^{CB} + CS_N^{CB} = \frac{(a - c)^2}{16} + \frac{(a - c)^2}{8} + \frac{(a - c)^2}{32} = \frac{7(a - c)^2}{32} \tag{6-7}$$

当企业 1 选择最优价格而不是最优的产量来最大化其自己的利润时，情况与数量竞争相同，企业 1 的最大化利润为：

$$\max_{p_1}(a-p_1)(p_1-w_1) \tag{6-8}$$

对式（6-8）求解其关于 p_1 的一阶偏导，可求得在不发生技术许可的情况下企业 1 的最佳产品价格和最佳产品供应量，具体如下：

$$p_{1N}^{BC}=\frac{a+w_1}{2} \quad q_{1N}^{BC}=\frac{a-w_1}{2} \tag{6-9}$$

供应商的最大化利润为：

$$\text{Max}(w_1-c)q_1 \tag{6-10}$$

将 $q_{1N}^{BC}=\dfrac{a-w_1}{2}$ 代入式（6-10）可得：

$$w_{1N}^{BC}=\frac{a+c}{2} \quad q_{1N}^{BC}=\frac{a-c}{4} \tag{6-11}$$

如上所见，无论企业 1 采用何种策略，制定何种产品价格或产品产量，供应商的批发价格高于不许可时的边际成本。企业 1 选择相同的最优产量，但少于当供应商制定批发价格为 c 时的应该达到的产量。这是供应链中著名的双重边际效益问题。此时，总利润较少，小于供应链成员企业垂直整合后的利润，其利润和相应的消费者剩余与社会福利分别为：

$$\pi_{1N}^{BC}=\frac{(a-c)^2}{16} \quad \pi_{SN}^{BC}=\frac{(a-c)^2}{8} \tag{6-12}$$

$$CS_N^{BC}=\int_0^{q_{1N}^{BC}}(q_{1N}^{BC}-q)\,dq=\frac{1}{2}(q_{1N}^{BC})^2=\frac{(a-c)^2}{32} \tag{6-13}$$

$$W_N^{BC}=\pi_{1N}^{BC}+\pi_{SN}^{BC}+CS_N^{BC}=\frac{(a-c)^2}{16}+\frac{(a-c)^2}{8}+\frac{(a-c)^2}{32}=\frac{7(a-c)^2}{32} \tag{6-14}$$

第四节 产量提成许可的情形

一、Cournot-Bertrand 竞争模式下的产量提成许可

这一部分将在 Cournot-Bertrand 竞争和 Bertrand-Cournot 竞争中，讨论产量提成许可和固定费许可两种许可决策。通过比较两种不同混合竞争下的许可决策，我们发现，因为发放了技术许可证，企业 1 失去了垄断地位，一旦许可协议达成，企业 2 就有机会在市场上生产不同的产品。

这样来看，表面上企业 1 会失去部分市场份额，但实际上这种情况是企业 1

在得失权衡之后的科学决策，因为专利许可会导致两种效应的存在：一方面，创新企业可以从被许可方那里获得一定的许可收益，即许可收入效应；另一方面，由于被许可方得到许可技术后增强了其竞争能力，使其更有利于与许可方进行市场竞争，即技术许可的竞争效应，这样从竞争的角度来看会对许可方造成一定的市场份额损失，但是对于许可方来说其选择技术许可的前提条件肯定是许可收入效应超过竞争损失效应，否则自己肯定不会选择技术许可，所以此种情形之下的技术许可是对创新企业有利的。

供应链成员企业的博弈顺序如下：首先，供应商决定批发价 w_1 和 w_2；其次，企业 1 决定是否将其成本降低性技术创新许可给企业 2；再次，企业 2 决定是否接受技术许可，即符合自己的技术许可战略目标就接受技术许可，不符合自己的技术许可战略决策目标就拒绝；最后，两家企业同时在混合竞争市场上选择自己最优的产品生产数量或产品价格。在给定每单位产量提成率 r 和供应商价格 w_1 和 w_2 的前提下，利用前面提到的模型，通过逆向归纳法可以求解出企业 1 的最大化利润为：

$$\underset{q_1}{\mathrm{Max}}\pi_1=\left[a(1-d)-(1-d^2)q_1+dp_2\right]q_1-w_1q_1+r(a-p_2-dq_1) \tag{6-15}$$

企业 1 的数量—反应函数为：

$$q_1=\frac{a(1-d)+dp_2-w_1-dr}{2(1-d^2)} \tag{6-16}$$

企业 2 的价格—反应函数为：

$$\underset{p_2}{\mathrm{Max}}\pi_2=(a-p_2-dq_1)(p_2-w_2-r) \tag{6-17}$$

并且得到：

$$p_2=\frac{a-dq_1+w_2+r}{2} \tag{6-18}$$

在式（6-18）中，企业 2 有效地将专利使用费内部化为产品生产的附加成本，更高的专利使用费导致产品将会以更高的价格出售。在假设有内部解的前提下，这些反应函数的交集产生了企业的 Cournot-Bertrand 均衡值：

$$q_1=\frac{2a-ad-dr-2w_1+dw_2}{4-3d^2}$$

$$q_2=\frac{2a-ad^2-ad+dw_1-(2-d^2)w_2-(2-2d^2)r}{4-3d^2}$$

$$p_2=\frac{2a-ad^2-ad+dw_1+(2-2d^2)w_2+(2-d^2)r}{4-3d^2} \tag{6-19}$$

每家企业的产量都随支付给供应商的价格的提高而减少；企业2的部分产品定价与企业1的中间产品的成本有关，对于企业1来说，企业2的更高产品价格刺激企业增加生产。对供应商的需求进一步增大，此时，供应商的批发价格会受到影响，供应商的批发决策由以下方程决定：

$$\underset{w_1,w_2}{\text{Max}}\pi_s=(w_1-c)q_1+(w_2-c)q_2 \tag{6-20}$$

把 q_1 和 q_2 代入式（6-20），对式（6-20）进行一阶偏导求解，可以得到供应商对于企业1和企业2的批发价格分别为：

$$w_1=\frac{2a-ad-dr+2dw_2+2c-cd}{4}$$

$$w_2=\frac{(2-d-d^2)a-(2-2d^2)r+2dw_1+(2-d^2-d)c}{2(2-d^2)} \tag{6-21}$$

以类似的方式，可以求出产量提成许可决策下供应商对两企业的批发价格分别为：

$$w_{1R}^{CB}=\frac{a+c-dr}{2}\text{和}w_{2R}^{CB}=\frac{a+c-r}{2} \tag{6-22}$$

由于产量提成率和产品差异化程度的存在，企业1获得的批发价比以前更低了，但比企业2的批发价要高。正如我们所知，企业1以产量提成许可的方式有偿地将自己的技术许可给企业2，从中获取了部分利润。很明显，企业2的竞争力较弱，因此供应商会降低批发价以保持需求。计算结果表明，为了从供应商获得更好的批发价格，企业1可以选择将自己的创新技术许可给自己的竞争对手企业2。

把式（6-22）代入式（6-19），可求出在考虑产量提成率的情形下的均衡产量和均衡价格如下：

$$q_{1R}^{CB}=\frac{(2-d)(a-c)-dr}{2(4-3d^2)}\quad q_{2R}^{CB}=\frac{(2-d-d^2)(a-c)+(2d^2-2)r}{2(4-3d^2)}$$

$$p_{1R}^{CB}=\frac{(6-d-5d^2+d^3)a+(2+d-d^2-d^3)c+(3d-2d^3)r}{2(4-3d^2)}$$

$$p_{2R}^{CB}=\frac{(6-d-4d^2)a+(2-2d^2+d)c+(2-d^2)r}{2(4-3d^2)} \tag{6-23}$$

我们注意到，假如 $r=\frac{(2-d-d^2)(a-c)}{2-2d^2}$，$q_{2R}^{CB}=0$ 且 $q_{1R}^{CB}=\frac{a-c}{4(1+d)}$，也就是说，此时市场上只有企业1，并且 d 此时被假设为0，q_{1R}^{CB} 和没有技术许可情形下的垄断情形相同，并且企业1的技术许可率的最大值不能超过 $r^*=\frac{(2-d-d^2)(a-c)}{2-2d^2}$。

把式（6-22）和式（6-23）代入式（6-15）可以求得企业 1 的利润和产量提成率的大小，具体如下：

$$\underset{r}{\text{Max}}\pi_{1R}^{CB}=(p_1-w_1)q_1+rq_2 \tag{6-24}$$

对方程（6-24）求其关于提成率 r 的一阶偏导，并可得：

$$r_1^{CB}=\frac{(5d^4-d^3-13d^2+2d+8)(a-c)}{7d^4-21d^2+16} \tag{6-25}$$

企业 2 同意的最高产量提成率受到以下约束条件的限制 $\pi_{2R}^{CB}-\pi_{2N}^{CB}=(p_2-w_2-r)q_2=\frac{[(2-d-d^2)(a-c)-(2-2d^2)r]^2}{4(4-3d^2)^2}=0$，其计算结果为 $r_2^{CB}=\frac{(2-d-d^2)(a-c)}{2-2d^2}=r^*$。

由于当技术许可不发生时，企业 2 的利润为 0，只要技术许可率不超过 r^*，企业 2 的情况将总是越来越好，因此企业 2 将接受许可，事实上，对于所有的 $d\in(0,1)$ 来说总存在 $r_1^{CB}<r_2^{CB}$。

把 r_1^{CB} 代入式（6-23）得：

$$q_{1R}^{CB}=\frac{(-12d^5+15d^4+34d^3-44d^2-24d+32)(a-c)}{2(7d^4-21d^2+16)(4-3d^2)}和$$

$$q_{2R}^{CB}=\frac{(3d^6-9d^5-d^4+27d^3-16d^2-20d+16)(a-c)}{2(7d^4-21d^2+16)(4-3d^2)} \tag{6-26}$$

因此，可以求出两家企业和供应商的利润分别为：

$$\pi_{1R}^{CB}=\frac{\begin{matrix}(126d^{12}+126d^{11}-1281d^{10}-840d^9+5237d^8+2234d^7-11136d^6-\\2960d^5+13072d^4+1952d^3-8064d^2-512d+2048)(a-c)^2\end{matrix}}{4(4-3d^2)^2(7d^4-21d^2+16)^2}$$

$$\pi_{2R}^{CB}=\frac{(3d^6-9d^5-d^4+27d^3-16d^2-20d+16)^2(a-c)^2}{4(4-3d^2)^2(7d^4-21d^2+16)^2}$$

$$\pi_{SR}^{CB}=\frac{\begin{matrix}(66d^{10}-186d^9-241d^8+1082d^7+6d^6-2360d^5+1022d^4+\\2288d^3-1464d^2-832d+640)(a-c)^2\end{matrix}}{4(4-3d^2)(7d^4-21d^2+16)^2} \tag{6-27}$$

只有当 $\pi_{1R}^{CB}\geq\pi_{1N}^{CB}$ 时，产量提成许可才会发生，以下命题 6-1a 通过比较产量提成许可和不许可的结果证明了上述产量提成许可发生的条件。

命题 6-1a 与许可不发生的情形相比，在 Cournot-Bertrand 竞争下的产量提成许可对许可方来说是完全有利可图的。

这一命题很容易理解，因为企业 2 在进入一个新市场时可以从购买许可这一决策行为中获得利益。在大多数情况下，较高满意度的技术许可协议会拉低供应商的利润，这点很令人吃惊。除非产品替代程度足够小，否则供应商不会从许可中获益，通过式（6-27）和式（6-12）的计算结果可以比较出两种情况下的供应商的利润大小，这一比较结果已经证实了我们的假设。因为创新企业为被许可企业颁发许可证的决策会影响供应商的行为，很明显，尽管技术许可使创新企业和被许可企业之间产生了竞争，但是这种竞争导致的市场需求总量比没有技术许可的情况下的市场需求总量更高。

在 Cournot-Bertrand 竞争模式下，当产量提成许可发生时，相应的消费者剩余和社会福利为：

$$CS_R^{CB} = \left[a(q_1+q_2) - \frac{q_1^2+2q_1q_2+q_2^2}{2} - p_1q_1 - p_2q_2 \right]$$

$$= \frac{\begin{array}{c}(-45d^{12}+180d^{11}+483d^{10}-2850d^9+798d^8+10278d^7-7353d^6-17352d^5+\\15720d^4+12960d^3-13200d^2-3456d+3840)(a-c)^2\end{array}}{8(4-3d^2)^2(7d^4-21d^2+16)^2}$$

$$W_R^{CB} = \pi_{1R}^{CB} + \pi_{2R}^{CB} + \pi_{SR}^{CB} + CS_R^{CB} \tag{6-28}$$

比较式（6-28）和式（6-13）的消费者剩余，我们可以看到前者更大，消费者剩余增加的效果大于其减少的效果，所以总体社会福利会增加。这些比较证实了下面的命题 6-1b。

命题 6-1b 企业 1 通过产量提成策略进行专利技术许可的决策对企业 2 有利，消费者剩余和整个社会福利增加，消费者和整个社会都会因此技术许可策略而受益，而对于 Cournot-Bertrand 竞争模式下的供应商来说，其获得的利润在大部分情况下会变小。

从命题 6-1a 和命题 6-1b 我们可以看出，如果企业 1 采取产量策略展开市场竞争，而企业 2 选择价格策略展开市场竞争，企业 1 通过产量提成许可进行专利技术许可的话，除了供应商外，市场上的所有参与者都得到了严格的利益分配。如上所述，对于创新企业来说，由于技术许可之后导致了市场竞争的加剧，为了照顾竞争对手的利益，也是为了更好地保护自己的市场需求，供应商被迫降低批发价格，企业 1 再次从技术许可决策中获得收益。虽然总市场需求增加，但网络效应明显表明，如果产品的替代程度超过 0.17，供应商就有损失，这是供应商双重效应的关键点，因为供应商对企业 1 的原材料供应报价随着产品替代程度的增加而降低，此外，产量提成许可可以减少供应链的双重边际效益问题。

二、Bertrand-Cournot 竞争模式下的产量提成许可决策

在 Bertrand-Cournot 竞争市场上，上述情况会有所不同。企业 1 选择合适的价格，使其利润最大化，即：

$$\underset{p_1}{\text{Max}}\pi_1 = p_1(a-p_1-dq_2)-w_1(a-p_1-dq_2)+r\frac{a(1-d)-p_2+dp_1}{1-d^2} \qquad (6-29)$$

通过式（6-29）对 p_1 进行一阶偏导求解，可得：

$$p_1 = \frac{a-dq_2+w_1+\dfrac{dr}{1-d^2}}{2} \qquad (6-30)$$

所以企业 2 的响应函数为：

$$\underset{q_2}{\text{Max}}\pi_2 = [a(1-d)-(1-d^2)q_2+dp_1]q_2-w_2q_2-rq_2 \qquad (6-31)$$

求解可得企业 2 的价格—反应函数为：

$$q_2 = \frac{a(1-d)+dp_1-w_2-r}{2(1-d^2)} \qquad (6-32)$$

假设存在内部解，这些反应函数的交点就是企业的 Bertrand-Cournot 平衡解：

$$p_1 = \frac{(2-d-d^2)a+2(1-d^2)w_1+dw_2+3dr}{4-3d^2}$$

$$q_1 = \frac{(2-d-d^2)a+(2-d^2)w_1+dw_2-\dfrac{dr}{1-d^2}}{4-3d^2}$$

$$q_2 = \frac{(2-d)a+dw_1-2w_2+\dfrac{(3d^2-2)r}{1-d^2}}{4-3d^2} \qquad (6-33)$$

供应商的价格制定函数如下：

$$\underset{w_1,w_2}{\text{Max}}\pi_s = (w_1-c)q_1+(w_2-c)q_2 \qquad (6-34)$$

把 q_1 和 q_2 代入方程（6-34），通过对方程（6-34）进行一阶偏导求解可得：

$$w_1 = \frac{(2-d-d^2)(a+c)+2dw_2-\dfrac{dr}{1-d^2}}{2(2-d^2)}$$

$$w_2 = \frac{(2-d)(a+c)+2dw_1-2r+\dfrac{d^2r}{1-d^2}}{4} \qquad (6-35)$$

同样，这些结果的交集给出了许可价格：

$$w_{1R}^{BC} = \frac{a+c-\dfrac{dr}{1-d^2}}{2} \qquad w_{2R}^{BC} = \frac{a+c-r}{2} \qquad (6-36)$$

在 Bertrand-Cournot 竞争市场上，对企业 1 的批发价格比在 Cournot-Bertrand 竞争市场要低，这是由于在 Bertrand-Cournot 竞争市场上产量提成许可的提成率和产品差异化的程度比 Cournot-Bertrand 竞争市场上的要低。当 $0.618<d<1$ 时，供应商对企业 1 的报价低于对企业 2 的报价，看来市场竞争加剧对企业 2 的供应商报价没有影响，把式（6-36）代入式（6-33），可得均衡产量和均衡价格如下：

$$q_{1R}^{BC}=\frac{(2-d-d^2)(a-c)-\dfrac{dr}{1-d^2}}{2(4-3d^2)} \qquad q_{2R}^{BC}=\frac{(2-d)(a-c)+\dfrac{(3d^2-2)r}{1-d^2}}{2(4-3d^2)}$$

$$p_{1R}^{BC}=\frac{(6-d-4d^2)a+(2+d-2d^2)c+3dr}{2(4-3d^2)}$$

$$p_{2R}^{BC}=\frac{(6-d-5d^2+d^3)a+(2+d-d^2-d^3)c+2r}{2(4-3d^2)} \qquad (6-37)$$

我们注意到，假如 $r_2^{BC}=\dfrac{(2-d)(1-d^2)(a-c)}{2-3d^2}$，则 $q_{2R}^{BC}=0$ 并且 $q_{1R}^{BC}=\dfrac{(3d^4-3d^3-7d^2-4d+4)(a-c)}{2(4-3d^2)(2-3d^2)}$，$d$ 被假设为零，这意味着市场上只有企业 1，创新者的产量与无许可情况下的垄断市场下的产量值相同，并且企业 1 的产量提成率的设置不能超过 $r^*=\dfrac{(2-d)(1-d^2)(a-c)}{2-3d^2}$。把式（6-36）和式（6-37）代入式（6-29）可以得到求企业 1 的利润和产量提成率的函数如下：

$$\operatorname*{Max}_{r}\pi_{1R}^{BC}=(p_1-w_1)q_1+rq_2 \qquad (6-38)$$

对式（6-38）求解其关于 r 的一阶偏导可得：

$$r_1^{BC}=\frac{(1-d^2)^2(9d^2-2d-8)(a-c)}{18d^6-48d^4+45d^2-16} \qquad (6-39)$$

企业 2 同意的最高产量提成率受下述约束条件的限制 $\pi_{2R}^{BC}-\pi_{2N}^{BC}=(p_2-w_2-r)q_2=$

$$\frac{\left[(2-d-2d^2+d^3)(a-c)+(3d^2-2)r\right]\left[(2-d)(a-c)+\dfrac{(3d^2-2)r}{1-d^2}\right]}{4(4-3d^2)^2}=0$$ 并且最高产量提

成率为 $r_2^{BC}=\dfrac{(2-d)(1-d^2)(a-c)}{2-3d^2}=r^*$。

因为当许可不发生时，企业 2 的利润是零，只要产量提成许可的提成率不超过 r^*，企业 2 的情况会更好，它就会接受许可。

事实上，对于所有的 $d \in (0, 1)$ 的情形下，都有 $r_1^{BC} < r_2^{BC}$，把 r_1^{BC} 代入式 (6-39) 可得：

$$q_{1R}^{BC} = \frac{(-18d^8 - 18d^7 + 84d^6 + 57d^5 - 143d^4 - 62d^3 + 108d^2 + 24d - 32)(a-c)}{2(18d^6 - 48d^4 + 45d^2 - 16)(4 - 3d^2)}$$

$$q_{2R}^{BC} = \frac{(-18d^7 + 9d^6 + 54d^5 - 27d^4 - 55d^3 + 32d^2 + 20d - 16)(a-c)}{2(18d^6 - 48d^4 + 45d^2 - 16)(4 - 3d^2)} \qquad (6\text{-}40)$$

对上式联立求解，可以求得两家企业和供应商的利润如下：

$$\pi_{1R}^{BC} = \frac{\begin{pmatrix} 324d^{16} + 648d^{15} - 4158d^{14} - 4140d^{13} + 19728d^{12} + 11160d^{11} - 49371d^{10} - \\ 17076d^9 + 74055d^8 + 16074d^7 - 69680d^6 - 9424d^5 + 40752d^4 + 3232d^3 - \\ 13696d^2 - 512d + 2048 \end{pmatrix}(a-c)^2}{4(4 - 3d^2)^2(18d^6 - 48d^4 + 45d^2 - 16)^2}$$

$$\pi_{2R}^{BC} = \frac{\begin{pmatrix} -324d^{16} + 324d^{15} + 2184d^{14} - 2268d^{13} - 6273d^{12} + 7002d^{11} + 9765d^{10} - \\ 12420d^9 - 8524d^8 + 13690d^7 + 3481d^6 - 9368d^5 + 312d^4 + 3680d^3 - \\ 880d^2 - 640d + 256 \end{pmatrix}(a-c)^2}{4(4 - 3d^2)^2(18d^6 - 48d^4 + 45d^2 - 16)^2}$$

$$\pi_{SR}^{CB} = \frac{\begin{pmatrix} -324d^{14} - 648d^{13} + 2295d^{12} + 3888d^{11} - 7062d^{10} - \\ 9804d^9 - 12358d^8 + 13378d^7 - 3407d^6 - 10480d^5 + \\ 9078d^4 + 4496d^3 - 3576d^2 - 832d + 640 \end{pmatrix}(a-c)^2}{4(4 - 3d^2)(18d^6 - 48d^4 + 45d^2 - 16)^2}$$

为了使产量提成许可生效，必须满足条件 $\pi_{1N}^{BC} - \pi_{1N}^{BC} > 0$，而要想满足 $\pi_{1N}^{BC} - \pi_{1N}^{BC} > 0$，必须限定 $0 \leq d \leq 0.81$ 这一条件。

命题 6-2a 与不许可的情形相比，在 Bertrand-Cournot 竞争情况下，当 $0 \leq d \leq 0.81$ 时，产量提成许可是最优的，如果替代程度大于 0.81，那么企业 1 不会进行技术许可。

在图 6-1 中，企业 1 的利润随着替代程度的增加而减少，我们从式 (6-37) 可知，产量提成率的上升降低了许可方和被许可方的均衡数量，导致出现通过许可减少了收入的现象，较高的均衡价格和较低的供应商批发价格不能抵消这种负面效应。当替代程度增加时，供应商有动机降低批发价格以保持企业 2 的生产量，从而提取部分下游利润。综上所述，从计算结果可以看出，下游市场整体产出下降。因此，在 Bertrand-Cournot 竞争下，如果没有产量提成许可，供应商利润可能会更高，两家竞争企业生产的产品相互替代性也会降低。此时，消费者剩余和社会福利为：

$$CS_R^{CB} = \left[a(q_1+q_2) - \frac{q_1^2+2q_1q_2+q_2^2}{2} - p_1q_1 - p_2q_2 \right]$$

$$= \frac{\begin{matrix}(972d^{12}+972d^{15}-7668d^{14}-6912d^{13}+26487d^{12}+21006d^{11}-52659d^{10}- \\ 35460d^9+66368d^8+36034d^7-54659d^6-22136d^5+28888d^4+7648d^3- \\ 9008d^2-1152d+1280)(a-c)^2\end{matrix}}{8(4-3d^2)^2(18d^6-48d^4+45d^2-16)^2}$$

$$W_R^{CB} = \pi_{1R}^{CB} + \pi_{2R}^{CB} + \pi_{SR}^{CB} + CS_R^{CB} \tag{6-41}$$

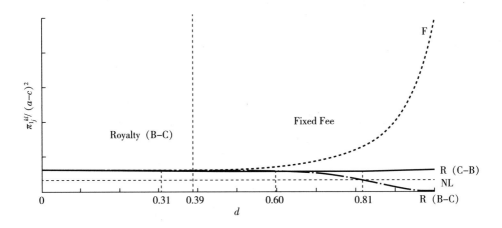

图 6-1　不同技术许可决策下的企业 1 利润曲线

命题 6-2b　在 Bertrand-Cournot 竞争中，当 $0.22 \leqslant d \leqslant 0.76$ 时，采用产量提成的许可方式消费者的情况比没有许可时的情况更糟。只有当垂直产品差异化程度过大或过小时，产量提成许可下的消费者剩余才会超过没有技术许可时的消费者剩余。

第五节　固定费许可的情形

一、Cournot-Bertrand 竞争模式下的固定费许可决策

在前面的分析中，我们只考虑了在混合竞争模式下产量提成许可决策的问题。技术许可方法也可包括固定费许可，如果企业 1 使用固定费用合同将其专利出售给企业 2，企业 2 必须支付固定的技术许可费用 F，在固定费许可协议达成

后，两家企业在混合竞争下决定自己的最优价格或产量。假设供应商已经知道他们的竞争策略（企业 1 和企业 2 的竞争策略是供应商进行批发价格制定的基础）。本部分将讨论在混合竞争模式下，固定费许可决策下的均衡问题。在固定费许可决策下，Cournot-Bertrand 的利润函数如下：

$$\pi_{1F}^{CB} = [a(1-d)-(1-d^2)q_1+dp_2]q_1-w_1q_1+F$$

$$\pi_{2F}^{CB} = (p_2-w_2)(a-p_2-dq_1)-F \tag{6-42}$$

企业 1 和企业 2 各自利润最大化后，其对应的响应函数如下：

$$q_1 = \frac{a(1-d)+dp_2-w_1}{2(1-d^2)} \text{和} p_2 = \frac{a-dq_1+w_2}{2} \tag{6-43}$$

我们可以通过式（6-43）求得企业 1 和企业 2 的最优的产量和价格分别为：

$$q_1 = \frac{2a-ad+dw_2-2w_1}{4-3d^2}, \quad q_2 = \frac{2a-ad^2-ad+dw_1-(2-d^2)w_2}{4-3d^2}$$

$$p_2 = \frac{2a-ad^2-ad+dw_1+(2-2d^2)w_2}{4-3d^2} \tag{6-44}$$

很明显，均衡价格和均衡产量和式（6-19）当 $r=0$ 时的均衡值一样。

把 q_1 和 q_2 代入供应商的利润函数，可以得到供应商的批发价格为：

$$\underset{w_1,w_2}{\text{Max}}\pi_s = (w_1-c)q_1+(w_2-c)q_2$$

$$w_1 = \frac{a+c}{2} \quad w_2 = \frac{a+c}{2} \tag{6-45}$$

所以我们可以看到，供应商对两家企业采取相同的批发价格，固定费许可并不能减少供应链的双重边际效应损失。按照前面的计算方法，在 Cournot-Bertrand 竞争模式下，固定费许可下的企业 1 和企业 2 的产量以及各自的产品定价分别为：

$$q_{1F}^{CB} = \frac{(2-d)(a-c)}{2(4-3d^2)} \quad q_{2F}^{CB} = \frac{(2-d-d^2)(a-c)}{2(4-3d^2)}$$

$$p_{1F}^{CB} = \frac{(6-d-5d^2+d^3)a+(2+d-d^2-d^3)c}{2(4-3d^2)}$$

$$p_{2F}^{CB} = \frac{(6-d-4d^2)a+(2-2d^2+d)c}{2(4-3d^2)} \tag{6-46}$$

企业 1 作为许可方将利用其约束条件 $\pi_{2F}^{CB} \geq \pi_{2N}^{CB}$ 最大化自己的收益，就像前面提到的，企业 2 将接受许可，即使它对许可与否无关紧要，因此，技术许可费的最大值可以通过 $\pi_{2F}^{CB} = \pi_{2N}^{CB}$ 解，具体求解如下：

$$F^{CB} = \frac{(a-c)^2(a-d-d^2)^2}{4(4-3d^2)^2} \tag{6-47}$$

同时，按照前面的方法，我们可以得到此种情形下的系列计算结果：

$$\pi_{1F}^{CB} = \frac{(2d^4+2d^3-4d^2-4d+8)(a-c)^2}{4(4-3d^2)^2}$$

$$\pi_{SF}^{CB} = \frac{(4-2d-d^2)(a-c)^2}{4(4-3d^2)}$$

$$CS_F^{CB} = \left[a(q_1+q_2) - \frac{q_1^2+2q_1q_2+q_2^2}{2} - p_1q_1 - p_2q_2 \right]$$

$$= \frac{(4d^4+2d^3-14d^2-5d+14)(a-c)^2}{8(4-3d^2)^2}$$

$$W_F^{BC} = \pi_{1F}^{BC} + \pi_{SF}^{BC} + CS_F^{BC} = \frac{(4d^4+8d^3-21d^2-15d+26)(a-c)^2}{4(4-3d^2)^2} \tag{6-48}$$

命题 6-3 在 Cournot-Bertrand 竞争下，许可方发现通过固定收费合同进行许可比不进行许可更有利可图，这种许可决策不管是对于供应商、消费者还是整个社会都有好处。

从命题 6-3 可以看出，无论 d 取何值，都有 $\pi_{1F}^{CB} > \pi_{1N}^{CB}$。由于这两家企业实力相当，在固定费许可决策下供应商以相同的批发价 $(a+c)/2$ 批发其原材料给两家企业。并且整个下游的产量都超过了没有许可的情形，这样供应商就可以获得更多的利润。由于商品的异质性，供应商和企业之间的博弈并不是完全的双寡头垄断。因此，双寡头垄断总利润小于垄断利润的说法（Arya and Mittendorf，2006）不适用于这种情况。因此，许可方的总收入包括固定费用和式（6-48）所列产品的收入大于式（6-5）或式（6-12）的总收入。

二、Bertrand-Cournot 竞争模式下的固定费许可决策

在 Bertrand-Cournot 竞争模式下，固定费许可下的企业 1 和企业 2 的利润函数可表示为：

$$\underset{p_1}{\text{Max}} \pi_{1F}^{BC} = (p_1-w_1)(a-p_1-dq_2) + F$$

$$\underset{q_2}{\text{Max}} \pi_{2F}^{BC} = [a(1-d)-(1-d^2)q_2+dp_1-w_2]q_2 - F \tag{6-49}$$

将企业 1 和企业 2 各自的利润最大化得到其各自的响应函数为：

$$p_1 = \frac{a-dq_2+w_1}{2} \qquad q_2 = \frac{a(1-d)+dp_1-w_2}{2(1-d^2)} \tag{6-50}$$

上游供应商为使其自身利润最大化，开始为两家企业设定批发价格，此时，

供应商的利润最大化方程为：

$$\operatorname*{Max}_{w_1,w_2}\pi_s=(w_1-c)q_1+(w_2-c)q_2$$

$$w_1=\frac{a+c}{2},\quad w_2=\frac{a+c}{2} \tag{6-51}$$

把式（6-50）和式（6-51）代入式（6-49），我们可以得到此时的均衡产量和均衡价格分别为：

$$q_{1F}^{BC}=\frac{(2-d-d^2)(a-c)}{2(4-3d^2)}\qquad q_{2F}^{BC}=\frac{(2-d)(a-c)}{2(4-3d^2)}$$

$$p_{1F}^{BC}=\frac{(6-d-4d^2)a+(2-2d^2+d)c}{2(4-3d^2)}$$

$$p_{2F}^{BC}=\frac{(6-d-5d^2+d^3)a+(2+d-d^2-d^3)c}{2(4-3d^2)} \tag{6-52}$$

从上面的计算结果可以看出，两家企业在两种不同的混合竞争模式下的均衡价格和均衡产量竟然是互换的。企业 1 作为许可方在约束条件 $\pi_{2F}^{BC}\geqslant\pi_{2N}^{BC}$ 下最大化其收益，令 $\pi_{2F}^{BC}=\pi_{2N}^{BC}$，我们可以得到其固定许可费为：

$$F^{BC}=\frac{(a-c)^2(a-d-d^2)^2}{4(4-3d^2)^2} \tag{6-53}$$

所以我们可以得到如下的均衡利润和消费者剩余及社会福利，这些结果和 Cournot-Bertrand 的竞争情形下是一样的：

$$\pi_{1F}^{CB}=\frac{(2d^4+2d^3-4d^2-4d+8)(a-c)^2}{4(4-3d^2)^2}$$

$$\pi_{SF}^{BC}=\frac{(4-2d-d^2)(a-c)^2}{4(4-3d^2)}$$

$$CS_F^{BC}=\left[a(q_1+q_2)-\frac{q_1^2+2q_1q_2+q_2^2}{2}-p_1q_1-p_2q_2\right]=\frac{(4d^4+2d^3-14d^2-5d+14)(a-c)^2}{8(4-3d^2)^2}$$

$$W_F^{BC}=\pi_{1F}^{BC}+\pi_{SF}^{BC}+CS_F^{BC}=\frac{(4d^4+8d^3-21d^2-15d+26)(a-c)^2}{4(4-3d^2)^2} \tag{6-54}$$

命题 6-4 在 Bertrand-Cournot 竞争的情况下，许可方发现，以固定费许可的方式进行技术许可比不进行技术许可更有利可图，这种技术许可方式同时也对供应商、消费者和整个社会有益，当实行固定费许可时，混合竞争的类型 Cournot-Bertrand 或者 Bertrand-Cournot 对市场参与者没有任何影响。

第六节　混合竞争模式下产量提成许可与固定费许可的比较

本章已经讨论了混合竞争模式下不许可、产量提成许可和固定费许可下的均衡产量、价格、三方的利润、消费者剩余和社会福利等。为了准确地分析最优许可决策，我们需要比较产量提成许可和固定费许可这两种许可策略在 Cournot-Bertrand 和 Bertrand-Cournot 竞争下的含义。

图 6-2 描述了有关 π_{1j}^{kl} 的曲线，从中我们可以得知企业 1 在同一个时间段内不同情况下的利润。正如我们所见，在 Cournot-Bertrand 竞争下，当 $0 < d < 0.31$ 时，企业 1 在固定费许可决策下的总收入小于产量提成许可下的总收入。在 Bertrand-Cournot 竞争下，当 $0 < d < 0.39$ 时，企业 1 在固定费许可决策下的总收入小于产量提成许可下的总收入。与此同时，企业 1 在 Bertrand-Cournot 竞争下比在 Cournot-Bertrand 竞争下的总体经济状况要好。因此，当产品的替代程度属于 $0 < d < 0.39$ 时，无论在哪种混合竞争模式下，企业 1 都倾向于使用产量提成许可策略；假如产品的替代程度属于 $0.39 \leqslant d < 1$ 的范围，则企业 1 进行固定费许可的决策最优。根据以上讨论，我们得出如下的命题 6-5。

命题 6-5　相对于 Cournot-Bertrand 竞争，在 Bertrand-Cournot 竞争下，如果产品的替代程度不超过 0.39，许可方更倾向于使用产量提成许可的技术许可方式；如果产品的替代程度大于 0.39，无论是在 Cournot-Bertrand 竞争模式下还是在 Bertrand-Cournot 竞争模式下，企业 1 都会选择固定费许可决策。

对于命题 6-5 可以直接进行这样的理解，即企业 1 作为双寡头垄断市场的主导方，选择价格作为决策变量以获得更多的市场份额；而另一方即企业 2 选择产量作为决策变量，因此企业 1 通过专利技术许可可以获得更多的利益。因此，当选择产量提成许可决策时，企业 1 更喜欢 Bertrand-Cournot 竞争模式而不是 Cournot-Bertrand 竞争模式。然而，根据 Singh 和 Vives（1984）的研究结论，在 Cournot-Bertrand 竞争下，许可方的利润高于 Bertrand-Cournot 竞争下的利润。与之相反的是，上游供应商在 Cournot-Bertrand 竞争模式下，比在 Bertrand-Cournot 竞争模式下，更有动机去提高下游企业的竞争能力。这使企业 1 的批发价格降低，从而使企业 1 获得更高的利润。随着替代程度的增大，由于竞争变得更加激烈，许可方利用产量提成许可的方式来缓解市场竞争的动机大大降低，此时，企业 1 倾向于采取固定费许可的方式进行技术许可可以获得更多的许可收入。

我们进一步使用图从其他方面分析不同混合竞争模式下技术许可策略的含义，如图 6-2 至图 6-4 所示。

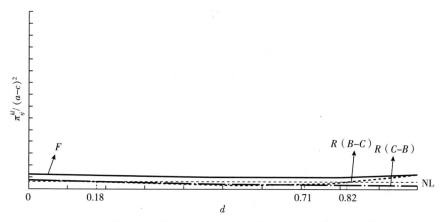

图 6-2　供应商在混合竞争模式下采取不同许可策略时的利润

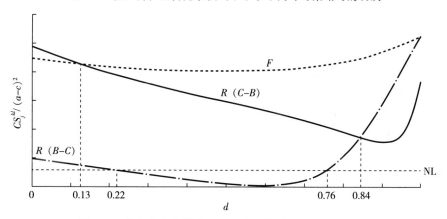

图 6-3　在混合竞争模式下不同许可策略下的消费者剩余

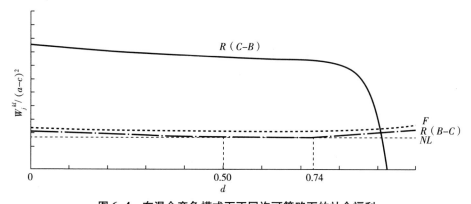

图 6-4　在混合竞争模式下不同许可策略下的社会福利

从上图可以看出，下游创新企业选择固定费许可策略对于供应商来说是最优的，原因在于固定费许可决策下，整个下游市场的总体产品产量和批发价都大于产量提成许可决策时的情形。而当创新企业采取产量提成许可策略时，两种混合竞争模式之间并没有太大的区别，这是供应商无奈的选择，因为如果产品的替代程度超过0.18，供应商的利润比不发生技术许可时更低。与Wang（2002）提出的固定费许可对消费者来说总是优越的说法相反，我们发现在Cournot-Bertrand竞争模式下，如果产品的替代程度足够小，那么产量提成许可对消费者是最佳的。尽管在Bertrand-Cournot竞争模式下，如果产品的替代程度不够高，产量提成许可较优，但企业1的许可行为还是会让整个社会持续受益的。

第七节　本章小结

本章提出了这样的一个混合竞争模型，即在一个差异化的双寡头垄断市场上，存在两家下游企业和一家上游供应商，且两家下游企业中的一家企业拥有创新技术，另一家是潜在的被许可方，本章对许可方如何才能做出最佳的许可决策进行了研究。研究表明，相对于Cournot-Bertrand竞争，在Bertrand-Cournot竞争中，如果产品的替代程度不超过0.39，许可方更倾向于使用产量提成许可而不是固定费许可的方式进行技术许可；如果产品的替代度大于0.39，无论在何种混合竞争模式下，企业1都更倾向于选择固定费许可的方式进行技术许可。除此以外，当实行固定费许可决策时，混合竞争的类型对市场参与者来说没有任何影响。

本章还从企业的上游供应链成员——供应商的角度研究了最佳技术许可策略的问题。通过研究我们得出的一个主要结论为：只要产品的替代程度足够小，固定费许可并不总是消费者的最佳选择。具体如下：

（1）在Cournot-Bertrand竞争模式下，许可方发现通过固定收费合同进行许可比不进行许可更有利可图，这种许可决策不管是对于供应商、消费者还是对于整个社会都有好处。

（2）在Bertrand-Cournot竞争模式下，许可方发现以固定费许可的方式进行技术许可比不进行技术许可更有利可图，这种技术许可方式同时也对供应商、消费者和整个社会有益，当实行固定费许可时，混合竞争的类型Cournot-Bertrand或者Bertrand-Cournot对市场参与者没有任何影响。

（3）相对于Cournot-Bertrand竞争模式，在Bertrand-Cournot竞争模式下，

如果产品的替代程度不超过 0.39，许可方更倾向于使用产量提成许可的技术许可方式；如果产品的替代程度大于 0.39，无论是在 Cournot-Bertrand 竞争模式下还是在 Bertrand-Cournot 竞争模式下，企业 1 都会选择固定许可决策。

在今天的经济形势下，许多企业将它们的关键原材料或零部件外包给供应商，并认为这是它们整体商业战略的重要组成部分。因此，在这种市场大趋势下，供应商通过批发价格来影响产品最终定价的现象将越来越普遍，而供应商对于其下游企业的批发价格又会对两家下游竞争企业间的技术许可决策产生影响，因此，创新企业在进行技术决策时必须考虑供应商的行为以实现其利润最大化，同时提高整个供应链的效率。本章的研究结论还表明，产量提成许可策略还可以缓解整个供应链的双重边际效应损失问题，而固定费许可策略却没有这一协调功能。

进一步的研究可以将我们的研究延伸如下：首先，本章研究的是上游供应商只有一个而不涉及最优许可数量的情况下的固定费用许可和产量提成许可的比较问题。实际上，在市场中可能存在多个供应商提供给同一家下游企业不同的或者相同的原材料或关键零部件的现象，也会存在同一家创新企业同时把自己的创新技术许可给多个潜在的被许可方的情形，这些实际市场上存在的有关技术许可决策的问题，都很值得进一步深入研究。其次，本章的研究仅仅比较了固定费许可和产量提成许可这两种许可决策，并没有包含更加复杂的许可方法，如两部制许可和创新程度等，这可能是一个有趣的话题，也是我们下一步在相关条件成熟以后进一步研究的一个方向。

第七章 质量改进性和成本降低性工艺创新的交叉许可决策

从内容的大框架上来看，本章内容和前面几章内容都属于侧重质量改进性创新技术的技术许可问题，只是前面的几章内容都是研究单向的技术许可决策问题，尽管有关成本降低性工艺创新技术的技术许可的研究已很多，不同的研究者各自从不同的角度进行了详细而深入的研究，但对于一家拥有成本降低性工艺创新技术的企业和另一家拥有质量改进性创新技术的企业之间的双向交叉许可的问题还鲜有研究。而在企业的运营实践中，交叉许可的情形确实是存在的，而且随着经济的发展，交叉许可的情形会越来越多地发生在各大行业的主流企业间，比如高通与全球的各大通信运营商和手机制造商之间就拥有多种交叉许可的契约合同，因此，本章我们打算就技术市场上存在质量改善性技术和成本降低性技术时各持有方的交叉许可行为问题进行研究，以期更好地拓展基于质量改进性工艺创新技术的研究范围，同时为拥有质量改进性工艺创新技术和成本降低性工艺创新技术的企业间共享创新成果、共同促进技术创新的进步而实施的交叉许可决策提供理论指导。

第一节 引言

目前关于企业技术许可行为策略性分析的文献主要集中在单向技术许可上，并依托于成本降低性创新或质量改进性创新这两种创新类型。目前文献对于成本降低性创新技术许可策略的研究较多且角度各有不同。相关文献有的从不同市场结构下对企业技术许可进行了研究（Arrow，1962；Katz and Shapiro，1985，1986），有的文献从竞争模式的角度着手研究（Kabiraj，2004，2005；Erkal，2005；Filippini，2005；Mukherjee and Pennings，2006）。还有的文献从信息结构的角度进行了探讨（Gallini and Wright，1990；Macho-Stadler and Perez-Castrillo，1996；Beggs，1992；Choi，2001；Poddar and Sinha，2004；Sen，2005）。而在一定市场结构、竞争模式以及信息结构下，则从产品差异、模仿成本、企业议价能力、外部干预等多角度进行了讨论。尽管这些学者从不同关键因素对成本降低性创新技术许可策略的影响的角度进行了深入研究，然而他们对技术市场完全垄断的假定与现实有非常大的冲突，而这很可能使所得结论变得缺乏稳健性。

相对而言，对于质量改进性创新的许可策略问题，当前文献研究的并不多。然而无论是在理论研究方面，还是在实证研究方面，质量改进性创新在多数行业中似乎占据主流地位。而且不像成本降低性工艺创新，质量改进性创新能够直接影响消费者偏好及其购买产品的支付意愿，进而可能影响质量改进性创新技术的许可策略。Stamatopoulos 和 Tauman（2008）以及 Li 和 Wang（2010）在假定效用函数不同的前提下，对外部创新者的许可策略进行了研究，他们均得出结论即提成许可策略在非排他性许可中最优，且与 Li 和 Song（2009）对在位创新者许可策略的研究结论相一致的地方是：消费者更偏好高质量产品，进而许可质量改进性程度更高的新技术更优（与落后技术相比）。然而遗憾的是，这些学者均未考虑影响技术许可最为关键的因素——许可双方的议价能力。同样也和成本降低性工艺创新下的情况一样，均假定技术市场的完全垄断。

我们知道，在现实中一旦技术市场出现竞争性，则成本降低性技术许可或质量改进性技术许可则变为企业许可博弈结果中的一种，而这也就意味着交叉许可也可能出现。最早对企业交叉许可进行策略性分析的是 Fershtman 和 Kamien（1992）。他们从企业研发的角度指出，互补性技术交叉许可会延迟许可双方技术研发的进程，进而促成企业默契合谋。因此从社会的角度来看，交叉许可是不利于创新的。之后 Eswaran（1994）也对交叉许可的反垄断以及福利暗示进行了策略性分析，他虽然从企业生产的角度出发且有着不同于 Fershtman 和 Kamien（1992）的替代性专利技术的假定，但同样认为企业交叉许可可能会促使串谋且损害社会福利。Pastor 和 Sandonis（2002）则将交叉许可和研发合作组织（RJV）进行了比较，并指出由于参与者道德风险的存在，交叉许可在运行效率上更优。然而在促进研发的动机上，交叉许可的存在不利于社会福利的提高。Choi（2010）则考虑了专利诉讼下技术交叉许可对反垄断的暗示和社会福利的影响，其研究与以往关于交叉许可不利于竞争以及损失社会福利的结论基本保持一致。

Nagaoka 和 Kwon（2006）对在日本上市的 260 多家制造企业的 1100 多项技术许可契约进行实证研究发现：在市场集中度较高的行业，与单向许可相比，交叉许可发生的可能性越高。这就意味着行业寡头特征越明显，这些企业间交叉许可的可能性就越大，如信息技术、电子制造等行业。这也同样意味着现有对企业单向技术许可策略性分析的研究不足以准确且完善地阐释企业的技术许可行为。

在扩展并对比 Zhao（2017）研究的基础上，本章对技术市场上存在质量改善性技术和成本降低性技术时各持有方的交叉许可行为进行研究，我们发现：①存在质量和成本的组合区域，无论下游企业竞争模式如何，与不许可、单向许可相比，交叉许可下的消费者剩余、社会福利都最大。②在交叉许可发生的情况下，相较价格竞争，数量竞争下的消费者剩余和社会福利均更优。这表明，技术许可本身的策略性显著改变了传统上关于 Bertrand 价格竞争比 Cournot 数量竞争更有效率的争论。③在价格竞争的预期下，交叉许可确实造成了默契合谋的结果，进而损害了社会福利。但交叉许可行为本身并不是造成垄断的罪魁祸首，因为在数量竞争下，交叉许可反而对消费者和社会有利，这说明下游企业竞争模式的效率起到了至关重要的作用。④"价格竞争+交叉许可"下默契合谋的稳定性要求参与方的议价能力适中，否则任何一方较强的议价能力均会造成议价能力较弱的一方有偏离垄断产量的动机，进而次优的 Cournot-Bettrand 混合竞争模式出现。

第二节　模型描述与假设

考虑一个由两家企业构成的市场结构。初始状态下，企业 1 和企业 2 具有相同的质量 $s \in (0, 1)$ 和边际生产成本 $c \in (0, 1)$。然而，企业 1 通过一次性投入 k_1 进行质量改善性创新，使其质量从 s 提高到 s_1，不妨令 $s_1 = 1$。与此同时，企业 2 也投入 k_2 进行成本降低性工艺创新，使其边际生产成本从 c 降低到 c_2，不失一般性地，令 $c_2 = 0$。这样 $1-s$ 和 c 就反映了企业 1 和企业 2 的创新规模。假定消费者具有不同的质量偏好 θ，且其均匀分布在 $[0, 1]$ 的区间上，密度为 1。对消费者（拥有产品质量偏好）来说，假如没有购买产品，则其获得的单位产品效用为 0，而当其购买产品时，每购买一单位产品获得的产品净效用是 $U_i = \theta s_i - p_i$，$i = 1, 2$。式中，θ 表示每单位质量的产品的边际效用，θ 的大小代表了消费者对于产品质量高低的偏好程度，θ 越大，消费者越偏好质量高的产品。

当消费者在购买不同质量的产品之间无差异时，可得到 $U_1 = U_2$，即 $\bar{\theta} = \dfrac{p_1 - p_2}{s_1 - s_2}$ 为质量偏好的临界值，由此我们可以得到：当 $\theta > \bar{\theta}$ 时，消费者倾向于购买企业 1 的产品，因为企业 1 的产品质量高于企业 2。而对于质量偏好为 $\theta < \bar{\theta}$ 的消费者，若其购买质量相对较低的企业 2 的产品，需满足其参与约束，即购买低质量产品时的效用不小于 0，即 $U_2 = \theta s_2 - p_2 \geq 0$。于是可得出结论：质量偏好属于 $\dfrac{p_2}{s_2} = \underline{\theta} < \theta <$

$\bar{\theta}$ 区间的消费者倾向于购买企业 2 的产品。根据临界条件 $\underline{\theta}$ 和 $\bar{\theta}$，进而得到企业 1 和企业 2 产品的需求函数为：

$$q_1 = \int_{\bar{\theta}}^1 d\theta = 1 - \frac{p_1 - p_2}{s_1 - s_2} \tag{7-1}$$

$$q_2 = \int_{\underline{\theta}}^{\bar{\theta}} d\theta = \frac{p_1 s_2 - p_2 s_1}{(s_1 - s_2) s_2} \tag{7-2}$$

由上述式（7-1）和式（7-2），进而得到此时的反需求函数为：

$$p_1 = s_1 - s_1 q_1 - s_2 q_2$$
$$p_2 = s_2(1 - q_1 - q_2) \tag{7-3}$$

博弈过程包括三步：首先，企业 1 和企业 2 共同决定是否进行技术许可；其次，若至少其中一方进行许可，则许可双方在出价上进行讨价还价直到达成共识；最后，两家企业在产品市场上进行 Bertrand 价格竞争。假定两家企业议价的时间相对于专利有效期较短且不存在无谓损失，为得到子博弈完美均衡结果，逆推归纳法成为首选。

对于进行质量改善性创新的企业 1 和成本降低性创新的企业 2 而言，技术许可可能会出现以下四种可能的均衡结果：①企业 1 和企业 2 均不接受技术许可；②企业 1 许可，但企业 2 不许可；③企业 2 许可，但企业 1 不许可；④企业 1 和企业 2 均进行许可，即交叉许可。接下来将在 Bertrand 竞争模式下对比 Cournot 竞争，并对这四种可能的情况进行详细讨论。

第三节　Bertrand 竞争模式下各种许可情形的均衡分析

一、企业 1 和企业 2 均不接受许可

在技术许可不发生的情况下，进行质量改善性创新的企业 1 和进行成本降低性创新的企业 2 进行 Bertrand 价格竞争时，若两企业均有正的产量，则此时两企业的产品需求函数由式（7-1）和式（7-2）给出。于是根据此时两企业的边际生产成本情况，得到两企业的利润表达式为：$\pi_{1B}^0 = (p_{1B}^0 - c)[1 - s - (p_{1B}^0 - p_{2B}^0)]/(1 - s)$ 以及 $\pi_{1B}^0 = p_{2B}^0(s p_{1B}^0 - p_{2B}^0)/[(1-s)s]$。根据利润最大化时的一阶条件，可得到均衡状态下两企业的产量、价格以及利润分别为：

$$p_{1B}^0 = \frac{2(1-s+c)}{4-s} \qquad p_{2B}^0 = \frac{s(1-s+c)}{4-s} \tag{7-4}$$

$$q_{1B}^0 = \frac{2(1-s)-(2-s)c}{(1-s)(4-s)} \qquad q_{2B}^0 = \frac{1-s+c}{(1-s)(4-s)} \tag{7-5}$$

在 Bertrand 价格竞争下，根据企业 2 进行成本降低性创新的创新规模，事实上，这里有三种情况存在：

（1）$\Delta c < 2(1-s)/(2-s)$。在这种情况下，两企业均有正的产量。其表达式已由式（7-5）给出。

（2）$2(1-s)/(2-s) \leqslant \Delta c < (2-s)/2$。在这种创新规模下，企业 1 将不进行生产，企业 2 虽垄断市场，却无法制定垄断性价格。在限制性垄断情况下，两企业的产量、价格及均衡利润分别为：$p_{1B}^0 = c$，$p_{2B}^0 = c+s-1$，$q_{1B}^0 = 0$，$q_{2B}^0 = (1-c)/s$，$\pi_{1B}^0 = 0$，$\pi_{2B}^0 = (1-c)(c+s-1)/s$。

（3）$\Delta c \geqslant (2-s)/2$。在这种创新规模下，企业 2 将完全垄断市场，且可制定垄断价格。此时 $p_{2B}^0 = s/2$，$q_{2B}^0 = 1/2$，$q_{1B}^0 = 0$，$\pi_{1B}^0 = 0$，$\pi_{2B}^0 = s/4$。

二、企业 1 许可而企业 2 不许可

当企业 1 将质量改善性技术许可给企业 2 时，$s_1 = s_2 = 1$，两企业产品具有相同的质量，因此在 Bertrand 价格竞争下，$p_B^{F_1} = \max\{c_1, c_2\} = c_1 = c$，即在均衡状态下，企业 1 的产量为 0。由反需求函数 $p_B^{F_1} = 1 - q_{1B}^{F_1} - q_{2B}^{F_1}$ 得到 $q_{1B}^{F_1} = 0$，$q_{2B}^{F_1} = 1-c$，故在固定费许可下，两企业的收益表达式为：$\pi_{1B}^{F_1} = F_{1B}$，$\pi_2^{F_1} = P_B^{F_1} q_{2B}^{F_1} - F_{1B} = c(1-c) - F_{1B}$。由于两企业均具有不完全议价能力，因此最优的固定费由以下 Nash 讨价还价解得到：

$$\underset{F_{1B}^*}{\text{Max}} (\pi_{1B}^{F_1} - \pi_{1B}^0)^\alpha (\pi_{2B}^{F_1} - \pi_{2B}^0)^{1-\alpha} \tag{7-6}$$

根据式（7-6）的一阶条件，可得到 $\pi_{1B}^{F_1} - \pi_{1B}^0 = \alpha E_B^{F_1}$ 和 $\pi_{2B}^{F_1} - \pi_{2B}^0 = (1-\alpha)E_B^{F_1}$，这说明在两企业均具有不完全议价能力的情况下，只要行业利润增量为正，两企业则均有许可和接受许可的参与动机，并且可以得到最优的固定费以及行业利润增量分别为：

$$F_{1B}^* = \alpha E_B^{F_1} + \pi_{1B}^0 \tag{7-7}$$

$$E_B^{F_1} = (\pi_{1B}^{F_1} + \pi_{2B}^{F_1}) - (\pi_{1B}^0 + \pi_{2B}^0) = c(1-c) - (\pi_{1B}^0 + \pi_{2B}^0) \tag{7-8}$$

在许可前，由于根据不同的创新规模，两企业的利润情况不同。因此接下来将分三种情况讨论。

1. $\Delta c < 2(1-s)/(2-s)$

在这种情况下，两企业的利润可由式（7-4）和式（7-5）得到，于是代入

式（7-7）和式（7-8），可得到：

$$\pi_{1B}^{F_1} = F_{1B}^* = \alpha E_B^{F_1} + \frac{\left[2(1-s)-(2-s)c\right]^2}{(1-s)(4-s)^2} \tag{7-9}$$

$$\pi_{2B}^{F_1} = (1-\alpha)E_B^{F_1} + \frac{s(1-s+c)^2}{(1-s)(4-s)^2} \tag{7-10}$$

$$E_B^{F_1} = \frac{c(1-c)(1-s)(4-s)^2 - \left[2(1-s)-(2-s)c\right]^2 - s(1-s+c)^2}{(1-s)(4-s)^2} \tag{7-11}$$

其中，式（7-11）右边的分子可重写为：

$$h_1(c) = (s^3-10s^2+27s-20)c^2 + (1-s)(s^2-14s+24)c - (4+s)(1-s)^2$$

易证明 $s^3-10s^2+27s-20$ 对于 $\forall s \in (0,1)$ 始终小于 0，因此 $h_1(c)$ 是关于 c 的二次曲线且开口向下，同样可仿真作图得到其判别式 $\Delta_1^* = (1-s)^2(5s^4-52s^3+192s^2-320s+256)>0$。且其二根为 $c_3^* = \dfrac{s^2-14s+24-\sqrt{\Delta_1^*}}{2(10-27s+10s^2-s^3)}$，$c_4^* = \dfrac{s^2-14s+24-\sqrt{\Delta_1^*}}{2(10-27s+10s^2-s^3)}$ $(1-s)$。易证 $0<c_3^*<2(1-s)/(2-s)$。而对于另一根 c_4^*，当 $c_4^*>2(1-s)/(2-s)$ 时，可相互推导出 $h_2(s) = (2-s)\sqrt{\Delta_1^*} + 3s^3-24s^2+56s-32>0$ 成立。易证明，对于 $\forall s \in (0,1)$，有 $h_2(s)>0$ 成立。故 $c_4^*>2(1-s)/(2-s)$。因此根据两根的位置及开口方向可得到：当 $c_3^*<c<2(1-s)/(2-s)$ 时，$h_1(c)>0$，进而 $E_B^{F_1}>0$。这就意味着企业 1 和企业 2 具有进行固定费许可的参与动机。

2. $2(1-s)/(2-s) \leqslant \Delta c < (2-s)/2$

在这种情况下，$\pi_{1B}^0 = 0$，$\pi_{2B}^0 = (1-c)(c+s-1)/s$。于是代入式（7-7）和式（7-8），可得到：

$$\pi_{1B}^{F_1} = F_{1B}^* = \alpha E_B^{F_1} \tag{7-12}$$

$$\pi_{2B}^{F_1} = (1-\alpha)E_B^{F_1} + \frac{(1-c)(c+s-1)}{s} \tag{7-13}$$

$$E_B^{F_1} = \frac{(1-c)^2(1-s)}{s} \tag{7-14}$$

由式（7-14）可知，行业利润增量 $E_B^{F_1}>0$ 恒成立，这也就意味着两企业均有进行固定费许可的参与动机。

3. $\Delta c \geqslant (2-s)/2$

在这种创新规模下，许可前，企业 2 将完全垄断市场，且可制定垄断价格，此时 $\pi_{1B}^0 = 0$，$\pi_{2B}^0 = s/4$。同样代入式（7-7）和式（7-8），可得到：

$$\pi_{1B}^{F_1} = F_{1B}^* = \alpha E_B^{F_1} \tag{7-15}$$

$$\pi_{2B}^{F_1} = (1-\alpha)E_B^{F_1} + \frac{1}{4}s \tag{7-16}$$

$$E_B^{F_1} = c(1-c) - \frac{1}{4}s \tag{7-17}$$

若两企业均有进行固定费许可的参与动机，需使行业利润增量大于 0，由式 (7-17) 易证明，当 $(2-s)/2 \leqslant c < c_5^* = (1+\sqrt{1-s})/2$ 时，$E_B^{F_1} > 0$。于是综合以上三种创新规模，得到以下命题 7-1。

命题 7-1 假定企业进行 Bertrand 价格竞争，只有持有质量改善性技术的企业 1 进行单向许可时，则两企业是否有意愿进行固定费许可取决于企业 2 的创新规模和企业 1 的边际生产成本：

（1）若企业 2 的创新规模较小 $[\Delta c < 2(1-s)/(2-s)]$，且企业 1 的边际生产成本较大（$c > c_3^*$），两企业具有进行固定费许可的参与动机；

（2）若企业 2 的创新规模较大 $[2(1-s)/(2-s) \leqslant \Delta c < (2-s)/2]$，则不管企业 1 的边际生产成本如何，两企业均具有进行固定费许可的参与动机；

（3）若企业 2 的创新规模很大 $[\Delta c \geqslant (2-s)/2]$，且企业 1 的边际生产成本不是非常大（$c < c_5^*$），两企业具有进行固定费许可的参与动机。

命题 7-1 的结论事实上与直觉相符。若产品质量高的企业 1 的边际生产成本与竞争企业 2 相差不大，则企业 1 缺乏动机将其质量改善性专利技术许可给企业 2，以免造成未来竞争进一步加剧的可能（若固定费许可发生，企业 2 依靠自身的成本优势，将占领原有整个低端市场和侵占企业 1 原来所占据的高端市场。然而企业 1 仅仅获得一次性固定费，却无法分享企业 2 产品质量改善所导致的市场份额增大所带来的收益）。因此在企业 1 具有正的产量时，只有其边际成本较大时，企业 1 和企业 2 才有可能愿意实施固定费许可。但是，对企业 2 来说，随着自己的创新规模变大，其参与固定费许可、放弃（限制性）垄断利润，而分享部分市场利润给企业 1 的动机越来越小。当创新规模达到某一临界值（如 $\Delta c \geqslant c_5^*$）时，即便持有质量改善性技术的企业 1 无法参与市场竞争（产量为零）时，总是愿意将其技术许可给竞争对手以获取许可收益，然而潜在的许可对象企业 2 却更愿意获取垄断利润，而不愿意以分割部分垄断利润给竞争企业为代价，来接受技术转让以改善产品质量。

不管企业 2 的创新规模如何，在企业 1 通过固定费的形式单向许可后，均衡状态下的消费者剩余和社会福利具有相同的表达式，求解得：

$$CS_B^{F_1} = \frac{1}{2}(q_{2B}^{F_1})^2 = \frac{1}{2}(1-c)^2 \tag{7-18}$$

$$W_B^{F_1} = \frac{1}{2}(q_{2B}^{F_1})^2 + p_B^{F_1} q_{2B}^{F_1} = \frac{1}{2}(1-c^2) \qquad (7-19)$$

三、企业 2 许可而企业 1 不许可

由于企业 2 进行成本降低性创新，因此当其通过预付固定费的方式将技术许可给企业 1 时，企业 1 的边际生产成本将从 c 降低到 0，在这种情况下的需求函数与不许可时相同，于是得到两企业的收益函数分别为：

$$\pi_{1B}^{F_2} = p_{1B}^{F_2} q_{1B}^{F_2} - F_{2B} = p_{1B}^{F_2}\left(1 - \frac{p_{1B}^{F_2} - p_{2B}^{F_2}}{1-s}\right) - F_{2B} \qquad (7-20)$$

$$\pi_{2B}^{F_2} = p_{2B}^{F_2} q_{2B}^{F_2} + F_{2B} = p_{2B}^{F_2}\left[\frac{p_{1B}^{F_2} s - p_{2B}^{F_2}}{(1-s)s}\right] + F_{2B} \qquad (7-21)$$

在价格竞争阶段，根据式（7-20）和式（7-21）的一阶条件，可得到均衡状态下价格、产量分别为：

$$p_{1B}^{F_2} = \frac{2(1-s)}{(4-s)}, \quad p_{2B}^{F_2} = \frac{s(1-s)}{(4-s)} \qquad (7-22)$$

$$q_{1B}^{F_2} = \frac{2}{4-s}, \quad q_{2B}^{F_2} = \frac{1}{4-s} \qquad (7-23)$$

在固定费许可阶段，由于两企业均具有不完全议价能力，因此最优的固定费由以下 Nash 讨价还价解得到：

$$\underset{F_{2B}^*}{\text{Max}}(\pi_{1B}^{F_2} - \pi_{1B}^0)^\alpha \cdot (\pi_{2B}^{F_2} - \pi_{2B}^0)^{1-\alpha} \qquad (7-24)$$

1. $\Delta c < 2(1-s)/(2-s)$

在企业 2 的创新规模较小的情况下，将许可前后两企业的收益表达式代入式（7-25），于是有：

$$\underset{F_{2B}^*}{\text{Max}}\left[\frac{4(1-s)}{(4-s)^2} - F_{2B}^* - \frac{[2(1-s)-(2-s)c]^2}{(1-s)(4-s)^2}\right]^\alpha \cdot \left[\frac{s(1-s)}{(4-s)^2} + F_{2B}^* - \frac{s(1-s+c)^2}{(1-s)(4-s)^2}\right]^{1-\alpha}$$

$$(7-25)$$

求式（7-25）关于固定费的一阶条件，可得到企业 2 所索取的最优固定费以及行业利润增量为：

$$F_{2B}^* = (1-\alpha)E_B^{F_2} - \frac{s(1-s)}{(4-s)^2} + \frac{s(1-s+c)^2}{(1-s)(4-s)^2} \qquad (7-26)$$

$$E_B^{F_2} = \frac{(4+s)(1-s)}{(4-s)^2} - \left\{\frac{[2(1-s)-(2-s)c]^2 + s(1-s+c)^2}{(1-s)(4-s)^2}\right\} \qquad (7-27)$$

于是由式（7-26）和式（7-27），可得到两企业的均衡收益分别为：

$$\pi_{1B}^{F_2} = \alpha E_B^{F_2} + \frac{\left[2(1-s)-(2-s)c\right]^2}{(1-s)(4-s)^2} \tag{7-28}$$

$$\pi_{2B}^{F_2} = (1-\alpha)E_B^{F_2} + \frac{s(1-s+c)^2}{(1-s)(4-s)^2} \tag{7-29}$$

若使企业2具有固定费许可的动机，同时又保证企业1具有参与动机，需使两企业在许可后的收益大于许可前的利润，以下命题7-2给出了保证两企业参与动机的条件。

命题7-2 假定企业进行Bertrand价格竞争，且企业2创新规模较小〔$\Delta c < 2(1-s)/(2-s)$〕。当企业2许可其成本降低性技术给企业1时，若产品质量差异较大（$\Delta s \geq 0.2808$）或产品质量差异较小且企业1的边际生产成本较低〔$\Delta s < 0.2808$，$c < c_6^* = 2(1-s)(4-3s)/(s^2-3s+4)$〕，则两企业有固定费许可的参与动机。

证明见附录3。

命题7-2的结论与在产量竞争条件下的结论相似（Zhao，2017）。在固定费许可下，进行成本降低性非显著创新的企业2更愿意在产品质量差异较大时许可其技术给进行质量改善性创新的企业1。这是因为在单向许可下，两企业产品质量差异越大，则具有不同偏好（高质量和低质量）的消费群体定位越明显，两企业之间的竞争激烈程度也就越弱，这就增加了企业2许可其成本降低的技术给企业1的动机，同时也满足了企业2获取企业1高质量产品市场部分利润的目的。而在产品同质或消费者具有一致性偏好时，事实上，只要许可企业2的创新规模足够小或潜在被许可企业1的边际生产成本相对较低，则固定费许可一定发生（Wang，2002；Mukherjee and Pennings，2006）。而这与命题7-2的后一部分结论相似，也恰恰是本命题的特殊形态罢了。

2. $2(1-s)/(2-s) \leq \Delta c < (2-s)/2$

在企业2的创新规模较大的情况下，同样将许可前后两企业的收益表达式代入式（7-24），于是有：

$$\underset{F_{2B}^*}{\text{Max}}\left[\frac{4(1-s)}{(4-s)^2}-F_{2B}^*-0\right]^\alpha\left[\frac{s(1-s)}{(4-s)^2}+F_{2B}^*-\frac{(1-c)(c+s-1)}{s}\right]^{1-\alpha} \tag{7-30}$$

求式（7-30）关于固定费的一阶条件，可得到企业2所索取的最优固定费以及行业利润增量为：

$$F_{2B}^* = (1-\alpha)E_B^{F_2} - \frac{s(1-s)}{(4-s)^2} + \frac{(1-c)(c+s-1)}{s} \tag{7-31}$$

$$E_B^{F_2} = \frac{(4+s)(1-s)}{(4-s)^2} - \frac{(1-c)(c+s-1)}{s} \tag{7-32}$$

于是由式（7-31）和式（7-32），可得到两企业的均衡收益分别为：

$$\pi_{1B}^{F_2} = \alpha E_B^{F_2} \tag{7-33}$$

$$\pi_{2B}^{F_2} = (1-\alpha)E_B^{F_2} + \frac{(1-c)(c+s-1)}{s} \tag{7-34}$$

与创新规模较小的情况类似，若使企业 2 具有固定费许可的动机，同时又保证企业 1 具有参与动机，需使两企业在许可后的收益大于许可前的利润，以下命题 7-3 给出了保证两企业参与动机的条件。

命题 7-3 假定企业进行 Bertrand 价格竞争，且企业 2 创新规模较大 [$2(1-s)/(2-s) \leq \Delta c < (2-s)/2$]，只有企业 2 具有动机许可其成本降低性技术给企业 1，若产品质量差异较大（$\Delta s \geq 0.3825$）或产品质量差异适中且企业 1 的边际生产成本较低（$0.2808 < \Delta s < 0.3825$，$c < c_7^* = [s(4-s) - \sqrt{(s^3-4s^2+28s-16)s}]/[2(4-s)]$）时，则两企业有固定费许可的参与动机。

证明见附录 3。

命题 7-3 和上述命题 7-2 的结论相似。同时命题 7-3 还说明在非显著性创新下，无论是进行较小程度的创新还是较大程度的创新，持有成本降低性创新技术的企业总有许可其技术的动机。另外，总体来看，下游企业的竞争模式对许可发生与否有潜在的影响，对比 Zhao（2017）命题 7-4 的结论，易发现：相比较价格竞争，产量竞争预期下企业进行成本降低性技术许可的可能性更大（产量竞争下，许可发生需满足条件如 $\Delta s \geq 0.1231$，而价格竞争下，则需满足条件如 $\Delta s \geq 0.2808$）。众所周知，当许可效应大于竞争效应时，许可才会发生。而标准模型中产量竞争下的产品价格和利润均大于价格竞争（如 Singh and Vives，1984；Motta，1993；Hackner，1999；Hsu and Wang，2005），也就意味着价格竞争模式预期下的竞争效应更大。而竞争企业间质量差异越大，竞争效应越小。因此，相比产量竞争，价格竞争模式预期下较大的竞争效应要求产品质量差异更大，才能保证成本降低性技术许可的发生。

3. $\Delta c \geq (2-s)/2$

当企业 2 的创新规模很大且固定费许可未发生时，企业 2 将完全垄断市场，将许可前后两企业的收益表达式代入式（7-30），于是有：

$$\max_{F_{2B}^*} \left[\frac{4(1-s)}{(4-s)^2} - F_{2B}^* - 0 \right]^\alpha \left[\frac{s(1-s)}{(4-s)^2} + F_{2B}^* - \frac{s}{4} \right]^{1-\alpha} \tag{7-35}$$

求式（7-35）关于固定费的一阶条件，可得到企业 2 所索取的最优固定费

以及行业利润增量为:

$$F_{2B}^* = (1-\alpha) E_B^{F_2} - \frac{s(1-s)}{(4-s)^2} + \frac{s}{4} \tag{7-36}$$

$$E_B^{F_2} = \frac{(4+s)(1-s)}{(4-s)^2} - \frac{s}{4} \tag{7-37}$$

于是由式（7-37）和式（7-38），可得到两企业的均衡收益分别为:

$$\pi_{1B}^{F_2} = \alpha E_B^{F_2} \tag{7-38}$$

$$\pi_{2B}^{F_2} = (1-\alpha) E_B^{F_2} + \frac{s}{4} \tag{7-39}$$

在企业 2 的显著性创新下，同样只需保证在固定费许可后企业 1 和企业 2 的收益大于许可前的利润，则两企业具有固定费许可的参与动机，以下命题 7-4 给出了保证两企业参与动机的条件。

命题 7-4 假定企业进行 Bertrand 价格竞争，且企业 2 创新规模很大 $[\Delta c \geq (2-s)/2]$，只有企业 2 具有动机许可其成本降低性技术给企业 1。当且仅当产品质量差异较大（$\Delta s > 0.3825$）时，两企业才有进行固定费许可的参与动机；否则，企业 2 将选择垄断整个市场。

证明见附录 3。

Wang（2002）的研究中假定消费者具有一致性偏好（本章则假定消费者不具有一致性偏好），得到只有产品横向差异大于 0.1716 时（本章则要求产品纵向差异大于 0.3825），垄断企业才会放弃垄断利润，从而拥有选择固定费许可的动机。该研究和命题 7-4 结论的一致性说明：不管是存在纵向差异还是横向差异，即便是进行成本降低性显著创新，只要产品间具有足够大的差异性，技术持有企业仍然有动机进行固定费许可，而非选择完全垄断市场，曾经手机市场份额达到最高 49%的诺基亚，在中低端市场近乎垄断，却仍然愿意许可专利技术给高端市场的苹果，究其原因就在于两者所占据的市场有足够的差异性，而这极大降低了竞争的负面影响，提升了专利持有方的许可激励。

四、企业 1 和企业 2 交叉许可

一旦持有质量改善性专利技术的企业 1 和持有成本降低性专利技术的企业 2 通过固定费的形式进行交叉技术许可，则两企业将具有相同的产品质量，即 $s_1 = s_2 = 1$，以及相同的边际生产成本，即 $c_1 = c_2 = 0$。此时的需求函数为 $q_{1B}^{F_1F_2} + q_{2B}^{F_1F_2} = 1 - p_B^{F_1F_2}$。由于两企业进行价格竞争，且边际成本相同，因此两企业将平分市场，即 $q_{1B}^{F_1F_2} = q_{2B}^{F_1F_2} = (1 - p_B^{F_1F_2})/2$，在固定费形式的交叉许可下，两企业的收益函数为:

$$\pi_{1B}^{F_1 F_2} = \frac{1}{2} p_B^{F_1 F_2} (1 - p_B^{F_1 F_2}) + F_{1B} - F_{2B} \tag{7-40}$$

$$\pi_{2B}^{F_1 F_2} = \frac{1}{2} p_B^{F_1 F_2} (1 - p_B^{F_1 F_2}) + F_{2B} - F_{1B} \tag{7-41}$$

在价格竞争阶段，两家企业的产品具有相同的质量和价格，根据最大化的一阶条件，得到均衡状态下产品价格、产量以及各自企业的收益分别为：

$$p_B^{F_1 F_2} = \frac{1}{2} \quad q_{1B}^{F_1 F_2} = q_{2B}^{F_1 F_2} = \frac{1}{4} \tag{7-42}$$

$$\pi_{1B}^{F_1 F_2} = \frac{1}{8} + F_{1B} - F_{2B} \quad \pi_{2B}^{F_1 F_2} = \frac{1}{8} + F_{2B} - F_{1B} \tag{7-43}$$

当市场被完全垄断时，垄断价格和垄断产量均为 1/2，而这与交叉许可下产品价格和行业总产量相同。这说明在价格竞争下，交叉许可的出现可以使参与许可的企业达成默契合谋的效果。进而即使有多家企业参与产品竞争，其均衡结果和一家完全垄断时的情况也没什么不同。

在固定费许可阶段，两企业均有不完全的议价能力，进而最优的固定费仍取决于 Nash 讨价还价解，即以下 Nash 积的形式：

$$\underset{F_{1B}, F_{2B}}{\text{Max}} (\pi_{1B}^{F_1 F_2} - \pi_{1B}^0)^\alpha (\pi_{2B}^{F_1 F_2} - \pi_{2B}^0)^{1-\alpha} \tag{7-44}$$

并将式（7-43）代入式（7-44），求关于 F_{1B} 和 F_{2B} 的一阶条件，得到企业 1 和企业 2 所能索取的最优固定费具有如下关系：

$$F_{1B}^* - F_{2B}^* = \alpha E_B^{F_1 F_2} - \frac{1}{8} + \pi_{1B}^0 \tag{7-45}$$

$$E_B^{F_1 F_2} = \frac{1}{4} - \pi_{1B}^0 - \pi_{2B}^0 \tag{7-46}$$

其中，$E_B^{F_1 F_2}$ 为 Bertrand 价格竞争下交叉许可发生时的行业利润增量。

由于在固定费许可前，不同创新规模下企业 1 和企业 2 的利润表达式 π_{1B}^0 和 π_{2B}^0 不同，因此接下来将根据企业 2 不同的创新规模分别进行讨论。

1. $\Delta c < 2(1-s)/(2-s)$

在这种情况下，许可前两企业的利润由式（7-24）和式（7-25）给出。于是可得到：

$$F_{1B}^* - F_{2B}^* = \alpha E_B^{F_1 F_2} - \frac{1}{8} + \frac{[2(1-s) - (2-s)c]^2}{(1-s)(4-s)^2} \tag{7-47}$$

$$E_B^{F_1 F_2} = \frac{1}{4} - \frac{[2(1-s) - (2-s)c]^2 + s(1-s+c)^2}{(1-s)(4-s)^2} \tag{7-48}$$

将式（7-47）代入式（7-43），可得到在固定费许可阶段，两企业的均衡收益分别为：

$$\pi_{1B}^{F_1F_2}=\alpha E_B^{F_1F_2}+\frac{[2(1-s)-(2-s)c]^2}{(1-s)(4-s)^2} \tag{7-49}$$

$$\pi_{2B}^{F_1F_2}=(1-\alpha)E_B^{F_1F_2}+\frac{s(1-s+c)^2}{(1-s)(4-s)^2} \tag{7-50}$$

其中，$E_B^{F_1F_2}$ 的表达式已有式（7-48）给出。

2. $2(1-s)/(2-s)\leqslant\Delta c<(2-s)/2$

在这种情况下，许可前两企业的利润为 $\pi_{1B}^0=0$，$\pi_{2B}^0=(1-c)(c+s-1)/s$，于是可得到：

$$F_{1B}^*-F_{2B}^*=\alpha E_B^{F_1F_2}-\frac{1}{8} \tag{7-51}$$

$$E_B^{F_1F_2}=\frac{1}{4}-\frac{(1-c)(c+s-1)}{s} \tag{7-52}$$

将式（7-51）代入各自利润函数，可得到在固定费许可阶段，两企业的均衡收益分别为：

$$\pi_{1B}^{F_1F_2}=\alpha E_B^{F_1F_2} \tag{7-53}$$

$$\pi_{2B}^{F_1F_2}=(1-\alpha)E_B^{F_1F_2}+\frac{(1-c)(c+s-1)}{s} \tag{7-54}$$

其中，$E_B^{F_1F_2}$ 的表达式已由式（7-52）给出。

3. $\Delta c\geqslant(2-s)/2$

在企业 2 创新规模很大时，许可前企业 2 完全垄断市场，此时两企业的利润分别为 $\pi_{1B}^0=0$ 和 $\pi_{2B}^0=s/4$。于是可得到：

$$F_{1B}^*-F_{2B}^*=\alpha E_B^{F_1F_2}-\frac{1}{8} \tag{7-55}$$

$$E_B^{F_1F_2}=\frac{1}{4}-\frac{s}{4} \tag{7-56}$$

将式（7-55）代入式（7-53），可得到在固定费许可阶段，两企业的均衡收益分别为：

$$\pi_{1B}^{F_1F_2}=\alpha E_B^{F_1F_2} \tag{7-57}$$

$$\pi_{2B}^{F_1F_2}=(1-\alpha)E_B^{F_1F_2}+\frac{s}{4} \tag{7-58}$$

其中，$E_B^{F_1F_2}$ 的表达式已由式（7-56）给出。

两企业间进行交叉许可（采取固定费许可策略）的动机和企业各自进行单向技术许可的情形一样，均需要保证行业利润增量大于零。那么在何种条件下能够保证许可后的行业利润增量大于零呢？以下命题7-5给出了答案。

命题7-5 假定企业进行Bertrand价格竞争，企业1和企业2是否具有参与交叉许可的动机，则需要考虑企业2（持有成本降低性技术创新）的创新规模，同时还要考虑企业1（拥有质量改进性创新技术）的边际生产成本及企业1和企业2的质量差异程度：

（1）当企业2创新规模很小 $[\Delta c<2(1-s)/(2-s)]$ 时，只有产品质量差异足够大（$\Delta s>0.5086$）时，两企业才有动机参与交叉许可：若 $0.5086<\Delta s<0.5427$，则需满足 $c_8^*<c<c_9^*$；若 $0.5427\leqslant\Delta s<1$，则需满足 $c>c_8^*$。

（2）当企业2进行较大程度的非显著性创新 $[如2(1-s)/(2-s)\leqslant\Delta c<(2-s)/2]$ 或显著性创新 $[如\Delta c\geqslant(2-s)/2]$ 时，两企业始终具有交叉许可的参与动机。其中，c_8^* 和 c_9^* 的值见附录3关于命题7-5的证明。

命题7-5说明在持有成本降低性创新技术的企业的创新规模较小时，交易双方是否具有通过固定费参与交叉许可的动机主要取决于持有质量改善性技术的潜在被许可企业边际生产成本的大小和双方产品质量的差异程度。从直觉上来看，持有质量改善性技术的企业1（成本降低性技术的企业2）若有许可的参与动机，则必须首先保证许可前竞争效应较小；其次，许可后许可效应较大。因为若许可前竞争效应较大，则必然会招致其中一方或多方缺乏许可的参与动机（由命题7-2可知，若质量差异较小，则企业2缺乏许可参与动机；而结合命题7-1和命题7-2可知，若企业1边际成本较低，则企业1缺乏参与动机，若较高，则企业2缺乏参与动机）。而较小的竞争效应可通过较大的产品差异来保证，因此只有较大的纵向质量差异（如 $\Delta s>0.5086$）可保证许可前较小的竞争效应，进而提升了两企业许可前的参与动机。根据命题7-2、命题7-3和命题7-4，在质量差异较大的情况下（特别是在预期到对手有参与许可动机时，质量差异的临界值更大，如命题7-5所示，质量差异的临界值0.5427大于没有参与动机时的0.2808和0.3825），持有成本降低性技术的企业2总是愿意参与许可。而根据命题7-1，持有质量改善性技术的企业1若边际成本过低，则缺乏参与的动机，因此在产品质量差异足够大（如 $\Delta s>0.5427$）的情况下，只要保证企业1的成本足够高（如 $c>c_8^*$），则双方均具有交叉许可的参与动机。但若产品质量差异稍小（如 $0.5086<\Delta s<0.5427$），则必须保证企业1的成本适中，才能促使企业1和企业2拥有共同参与交叉许可的动机（企业1的参与动机是 $c>c_8^*$，企业2的参与动机是 $c<c_9^*$）。

而在持有成本降低性技术的企业 2 创新规模较大的情况下，持有质量改善性技术的企业 1，由于足够高的生产成本，始终具有许可其技术给竞争对手的动机（见命题 7-1）；否则，其会因为对手持有显著性创新技术以及自身充分高的生产成本，即便其产品质量较高，也会出现无利可图的局面。根据命题 7-5，创新规模较大的企业 2 也愿意放弃其（限制性）垄断利润，而参与到交叉许可中来。根据式（7-52）和式（7-56）易发现，许可前产品质量差异越大，许可后行业利润的增量越大。若通过交叉许可，企业 2 所获取的低端市场的大部分利润以及高端市场的部分利润之和超过低端市场时的垄断利润，则其总是具有交叉许可参与动机。除此之外，改善其产品质量也是其参与交叉许可的动机之一。最后，规避反垄断调查也是其愿意参与交叉许可的动机。

在 Bertrand 价格竞争下，当企业 1 和企业 2 通过固定费进行技术交叉许可时，消费者剩余和社会福利分别为：

$$CS_B^{F_1F_2} = \frac{1}{8} \qquad W_B^{F_1F_2} = \frac{3}{8} \tag{7-59}$$

五、企业进行交叉许可的激励

命题 7-1 到命题 7-5 已经给出了各企业通过固定费的方式进行技术许可的参与动机。然而具体何种结果出现（企业 1 单向许可、企业 2 单向许可以及企业 1 和企业 2 交叉许可）取决于参与方企业 1 和企业 2 在何种情况下收益最大。接下来将对企业 1 进行质量改进性单向技术许可、企业 2 进行成本降低性单向技术许可、企业 1 和企业 2 进行质量改进和成本降低交叉许可三种情形下，企业 1 和企业 2 的收益分别进行比较。在比较之前，综合以上不同许可情况下的结论，可得到行业利润增量：

在企业 1 单向许可时，

$$E_B^{F_1} = \begin{cases} c(1-c) - \dfrac{[2(1-s)-(2-s)c]^2 + s(1-s+c)^2}{(1-s)(4-s)^2} & c < \dfrac{2(1-s)}{2-s} \\[3ex] c(1-c) - \dfrac{(1-c)(c+s-1)}{s} & \dfrac{2(1-s)}{2-s} \leq c < \dfrac{2-s}{2} \\[3ex] c(1-c) - \dfrac{s}{4} & c \geq \dfrac{2-s}{2} \end{cases} \tag{7-60}$$

在企业 2 单向许可时，

$$E_B^{F_2}=\begin{cases}\dfrac{(4+s)(1-s)}{(4-s)^2}-\dfrac{[2(1-s)-(2-s)c]^2+s(1-s+c)^2}{(1-s)(4-s)^2} & c<\dfrac{2(1-s)}{2-s}\\[3mm]\dfrac{(4+s)(1-s)}{(4-s)^2}-\dfrac{(1-c)(c+s-1)}{s} & \dfrac{2(1-s)}{2-s}\leqslant c<\dfrac{2-s}{2}\\[3mm]\dfrac{(4+s)(1-s)}{(4-s)^2}-\dfrac{s}{4} & c\geqslant\dfrac{2-s}{2}\end{cases}\quad(7-61)$$

在企业 1 和企业 2 交叉许可时，

$$E_B^{F_1F_2}=\begin{cases}\dfrac{1}{4}-\dfrac{[2(1-s)-(2-s)c]^2+s(1-s+c)^2}{(1-s)(4-s)^2} & c<\dfrac{2(1-s)}{2-s}\\[3mm]\dfrac{1}{4}-\dfrac{(1-c)(c+s-1)}{s} & \dfrac{2(1-s)}{2-s}\leqslant c<\dfrac{2-s}{2}\\[3mm]\dfrac{1}{4}-\dfrac{s}{4} & c\geqslant\dfrac{2-s}{2}\end{cases}\quad(7-62)$$

由于 $\text{sign}\{\pi_{iB}^{F_1F_2}-\pi_{iB}^{F_1}\}=\text{sign}\{(\pi_{iB}^{F_1F_2}-\pi_{iB}^0)-(\pi_{iB}^{F_1}-\pi_{iB}^0)\}=\text{sign}\{E_{iB}^{F_1F_2}-E_{iB}^{F_1}\}$。

类似地，同样有 $\text{sign}\{\pi_{iB}^{F_1F_2}-\pi_{iB}^{F_2}\}=\text{sign}\{E_{iB}^{F_1F_2}-E_{iB}^{F_2}\}$ 和 $\text{sign}\{\pi_{iB}^{F_1}-\pi_{iB}^{F_2}\}=\text{sign}\{E_{iB}^{F_1}-E_{iB}^{F_2}\}$，其中 $i=1,2$。可见，我们不需要逐个比较不同许可情况下企业 1 和企业 2 的收益大小，只需要比较行业利润增量即可。事实上，以下定理 7-1 给出了持有质量改善性技术的企业 1 和持有成本降低性技术的企业 2 在均有许可动机的前提下，在不同创新规模下的激励相容条件。

定理 7-1 假定企业进行 Bertrand 价格竞争，在保证两企业均有许可其技术给对方的参与动机（根据命题 7-1 至命题 7-5）下，交叉许可总是发生。

证明见附录 3。

定理 7-1 的结论至少说明以下两点：首先，技术市场上企业的策略性行为会明显影响最终的均衡结果，持有质量改善性技术的企业 1 边际生产成本越大，其越有动机获取成本降低性技术。同样地，持有成本降低性技术的企业 2 产品质量越低，其越有动机改善其产品质量。因此存在质量和成本组合的区间使技术的持有方相互许可技术给对方。结合命题 7-1 至命题 7-5 的结论，质量改善性技术许可、成本降低性技术许可以及质量—成本交叉许可三种许可并存的条件是较大的产品质量差异和足够的成本差异。例如，当创新规模较小时，三种许可并存的条件之一是 $\Delta s>0.5427$，且 $c>\text{Max}(c_3^*,c_8^*)$；当创新规模适中时，三种许可并存的条件之一是 $0.2808<\Delta s\leqslant0.3825$ 且 $c<c_7^*$；而当创新规模很大时，三种许可并存的条件之一是 $\Delta s>0.3825$ 且 $c<c_5^*$。其次，定理 7-1 暗示了在价格竞争预期下企业交叉许可时的利润总是优于单向许可时的情况。事实上，由本章小节可知，交

叉许可后，下游企业虽然在市场上相互竞争，但市场总产量却和完全垄断时的产量相同，价格也和垄断价格一致。这说明在预期下游企业进行价格竞争时，交叉许可的出现会促使参与许可的企业达成默契合谋，进而达成完全垄断的效果。交叉许可后出现的市场垄断的结果显然损害了消费者剩余和社会福利，这和现有Fershtman 和 Kamien（1992）、Eswaran（1994）、Lin（1996）、klein（1997）、Beard 和 Kaserman（2002）、Lefouili 和 Jeon（2015）、Jeon（2016）等文献的结论一致。然而交叉许可在产量竞争下不仅不会造成市场完全垄断的结果，反而在其发生的情况下消费者剩余和社会福利均最大（Zhao，2017）。可见，仅有交叉许可本身不会造成市场垄断进而损害社会福利的结果，或许是下游企业竞争模式的效率所造成的（正如下述定理7-2所阐述的那样）。

第四节　Cournot 与 Bertrand 竞争模式下交叉许可的均衡条件比较

因为有关 Cournot 竞争下各种许可情形的均衡条件在 Zhao（2017）的文献里已经求解并证明，此处本书就不再求解证明，直接把 Zhao（2017）中有关 Cournot 竞争下各种许可情形的均衡条件结果与上面的 Bertrand 竞争下各种许可情形的均衡结果进行对比分析即可，具体如下：

在两种竞争模式下对交叉许可时的均衡情况进行比较，需要找出可比较的基本条件。通过对前面部分的分析，可得到以下可比较的情况：

在 Cournot 产量竞争下，企业2的创新规模较小（$\Delta c < 0.5$）时的情况。通过固定费交叉许可下，两企业的收益分别为：$\pi_{1C}^{F_1F_2} = \alpha E_C^{F_1F_2} + (2-s-2c)^2/(4-s)^2$，$\pi_{2C}^{F_1F_2} = (1-\alpha) E_C^{F_1F_2} + (1+c)^2 s/(4-s)^2$。其中，$E_C^{F_1F_2} = 2/9 - [(2-s-2c)^2 + (1+c)^2 s]/(4-s)^2$。此时的消费者剩余以及社会福利的大小分别为：$CS_C^{F_1F_2} = 2/9$，$W_C^{F_1F_2} = 4/9$。

而在 Bertrand 价格竞争下，主要分两种情况：

1. $\Delta c < 2(1-s)/(2-s)$

通过固定费交叉许可下，企业1和企业2的收益分别为：

$$\pi_{1B}^{F_1F_2} = \alpha E_B^{F_1F_2} + [2(1-s)-(2-s)c]^2/[(1-s)(4-s)^2]$$

$$\pi_{2B}^{F_1F_2} = (1-\alpha) E_B^{F_1F_2} + s(1-s+c)^2/[(1-s)(4-s)^2]$$

其中，$E_B^{F_1F_2} = 1/4 - \{[2(1-s)-(2-s)c]^2 + s(1-s+c)^2\}/[(1-s)(4-s)^2]$。

2. $2(1-s)/(2-s) \leqslant \Delta c < (2-s)/2$

通过固定费交叉许可下，两企业的收益分别为：

$$\pi_{1B}^{F_1F_2} = \alpha E_B^{F_1F_2} + 0$$
$$\pi_{2B}^{F_1F_2} = (1-\alpha) E_B^{F_1F_2} + (1-c)(c+s-1)/s$$

其中，$E_B^{F_1F_2} = 1/4 - (1-c)(c+s-1)/s$。

在这两种创新规模下，消费者剩余和社会福利均为 $CS_B^{F_1F_2} = \dfrac{1}{8}$，$W_B^{F_1F_2} = \dfrac{3}{8}$。

在定理 7-1 和 Zhao（2017）结论的基础上，以下定理 7-2 给出了在不同的竞争模式下，企业 1 企业 2 各自的收益多少，以及每种情形下消费者剩余的大小和社会福利多少之间的对比分析。

定理 7-2 若企业 1 和企业 2 具有交叉许可的激励〔根据定理 7-1 和 Zhao（2017）〕。与 Bertrand 价格竞争相比，Cournot 产量竞争下的消费者剩余、社会福利更高，即 $CS_C^{F_1F_2} > CS_B^{F_1F_2}$，$W_C^{F_1F_2} > W_B^{F_1F_2}$。而在何种竞争模式下企业收益更优，则取决于企业 1 的议价能力 $\alpha \in (0, 1)$（或企业 2 的议价能力 $1-\alpha$）：

（1）若 $\alpha \leqslant \alpha_1^*$，则 $\pi_{1B}^{F_1F_2} \leqslant \pi_{1C}^{F_1F_2}$，$\pi_{2B}^{F_1F_2} > \pi_{2C}^{F_1F_2}$；

（2）若 $\alpha \geqslant \alpha_2^*$，则 $\pi_{1B}^{F_1F_2} > \pi_{1C}^{F_1F_2}$，$\pi_{2B}^{F_1F_2} \leqslant \pi_{2C}^{F_1F_2}$；

（3）若 $\alpha_1^* < \alpha < \alpha_2^*$，则 $\pi_{1B}^{F_1F_2} > \pi_{1C}^{F_1F_2}$，$\pi_{2B}^{F_1F_2} > \pi_{2C}^{F_1F_2}$。

其中，

$$\alpha_1^* = \frac{36(1-s)(2-s-2c)^2 - 36[2(1-s)-(2-s)c]^2}{(1-s)(4-s)^2 - 36[2(1-s)-(2-s)c]^2 - 36s(1-s+c)^2 + 36(1-s)(2-s-2c)^2 + 36(1-s)s(1+c)^2},$$

$$\alpha_2^* = \frac{(1-s)(4-s)^2 + 36(1-s)(2-s-2c)^2 - 36[2(1-s)-(2-s)c]^2}{(1-s)(4-s)^2 - 36[2(1-s)-(2-s)c]^2 - 36s(1-s+c)^2 + 36(1-s)(2-s-2c)^2 + 36(1-s)s(1+c)^2}。$$

证明见附录 3。

定理 7-2 说明了当交叉许可发生时，下游企业在 Cournot 产量竞争下的效率要比 Bertrand 价格竞争高。不难理解，正如在定理 7-1 中所说的，在价格竞争预期下，交叉许可双方在产品市场上的行为达到了默契合谋的程度，进而共同制定了垄断价格和垄断产量，进而损害了消费者剩余和社会福利。因此在技术许可的介入下，Bertrand 价格竞争模式的效率要远低于 Cournot 产量竞争模式。这一结论完全与现有不考虑技术转让时的文献如 Singh 和 Vives（1984）、Vives（1984）、Motta（1993）、Hackner（1999）、Hsu 和 Wang（2005）等的结论不同，与成本极度不对称时 Dastidar（1997）的结论、研发溢出较大且产品差异较小时 Symeonidis（2003）的结论、存在上游垄断势力时 Alipranti 等（2014）的结论、供给端竞争时 Delbono 和 Lambertini（2016）的结论相似。

易证明，虽然在价格竞争下的生产者剩余（垄断利润）比在产量竞争下的更高（Lopez and Nayor，2001；Symeonidis，2003），但由于参与交叉许可的企业议价能力不同，许可双方所偏好的竞争模式也可能不同。换句话说，存在关于议价能力的临界区间（α_1^*，α_2^*），使许可双方均选择价格作为其竞争模式。而当一方议价能力较小或较大时（如 $\alpha \leqslant \alpha_1^*$ 或 $\alpha \geqslant \alpha_2^*$），参与默契合谋的弱势一方存在通过选择不同契约偏离垄断产量的动机。事实上，确实在 Cournot-Bertrand 混合竞争模式下选择产量比选择价格更优（Tremblay and Tremblay，2011）。因此，参与默契合谋的议价能力较弱的一方必然选择产量，而参与默契合谋的议价能力较强的一方仍然选择价格，这时 Cournot-Bertrand 混合竞争模式出现。

第五节　本章小结

扩展并对比 Zhao（2017）的研究文献，本章对技术市场上存在质量改善性技术和成本降低性技术时各技术持有方的技术许可行为进行了研究，并在交叉许可存在激励的情况下考察了竞争模式对企业利润、消费者剩余及社会福利的影响。研究发现：

首先，无论成本降低性创新规模为显著性还是非显著性，只有质量改善性技术（成本降低性技术）持有方的生产成本（产品质量）足够高（低）时，企业才会有参与许可的动机。一方面，这意味着存在质量—成本的组合区间，使交叉许可发生；另一方面，这还意味着即便进行显著性创新，创新一方仍有放弃垄断利润的动机——只要企业获取的低端市场大部分的利润以及高端市场的部分利润之和超过低端市场时的垄断利润即可。

其次，只要技术的持有方具有交叉许可的参与动机，交叉许可必然发生。这是因为在下游企业进行价格竞争的预期下，交叉许可的出现会促使参与许可的企业生产成本降低、产品质量改善，从而获取有利的市场位置，并且达成默契合谋，进而达到完全垄断的效果。这一结论与 Eswaran（1994）、Lin（1996）、Klein（1997）、Beard 和 Kaserman（2002）、Lefouili 和 Jeon（2015）、Jeon（2016）等的结论相似。同时对比 Zhao（2017）的结论——创新规模较大的情况下交叉许可不发生，这意味着交叉许可在价格竞争下比在产量竞争下发生的可能性更大。

再次，相比产量竞争，在价格竞争预期下，交叉许可后所带来的价格更高、生产者剩余更高，而消费者剩余和社会福利更低。这表明技术许可本身的策略性显著改变了传统上关于 Bertrand 价格竞争比 Cournot 数量竞争更有效率的争论。这与不考虑技术许可时 Singh 和 Vives（1984）等的结论明显不同，与成本极度不对称 Dastidar（1997）的结论、研发溢出较大且产品差异较小时 Symeonidis（2003）的结论、存在上游垄断势力时 Alipranti 等（2014）的结论、供给端竞争时 Delbono 和 Lambertini（2016）的结论相似。同时在价格竞争的预期下，交叉许可确实造成了默契合谋的结果，进而损害了社会福利。但交叉许可行为本身并不是造成垄断的罪魁祸首，因为在数量竞争下交叉许可反而对消费者和社会有利，这说明下游企业竞争模式的效率起了至关重要的作用。交叉许可所带来的差异化影响（包括对创新、利润及社会福利等影响）暗示了政策制定者在是否进行反垄断调查时不能一概而论，要视具体情况综合考虑。

最后，"价格竞争+交叉许可"下的默契合谋并不总是稳定的，其稳定性取决于参与方的议价能力：当参与方的议价能力适中［如 $\alpha \in (\alpha_1^*, \alpha_2^*)$］时，生产者剩余最大，许可双方均一致偏好价格竞争模式。此时可通过默契合谋，制定垄断产量并获取垄断利润。然而，当任意一方议价能力较强时，参与双方在下游竞争模式的偏好上会产生冲突：议价能力较强的一方在选择价格契约时利润更大，议价能力较弱的一方则在选择数量契约时的利润更优。对参与双方而言，次优的 Cournot-Bettrand 混合竞争出现。换句话说，这种模式的出现虽不是谈判失败的结果，但至少不是"双赢"的结局。

在本章的研究中，并未考虑上游要素供应商的垄断势力和议价能力。正如 Alipranti 等（2014）、Basak 和 Mukherjee（2017）所谈到的，上游垄断势力会对竞争模式的效率产生影响，因此"技术许可的策略性+纵向垄断势力"对竞争模式效率的影响是可研究方向之一。同时，混合所有制改革是中国目前改革的一大重点之一，结合中国公私合营混改政策背景，若博弈对象为混改企业（以相对利润最大化为目的）与私营企业（绝对利润最大化），此时本章的结论是否成立是值得进一步探讨的。此外，本章简单谈到 Cournot-Bettrand 混合竞争模式的出现不是双赢的结局，若不同技术的持有方在竞争模式上进行博弈，则有四种竞争模式出现。四种模式中何种模式最有效率、与传统结论是否相悖，也是值得研究的。

第八章　考虑质量偏好和网络效应的在位创新企业技术许可研究

第一节　引言

就产品分类来说，根据产品是否具有消费端的规模经济，可分为正常产品和网络产品①两大类。不具有消费端规模经济的产品为正常产品，具有消费端规模经济的产品可称为网络产品。简而言之，网络产品是指具有网络效应的产品，网络效应又称网络外部性，此概念最早由 Katz 和 Shapiro（1985）提出，它是指处在某产品网络中的用户在消费该产品的过程中其效用随使用该产品的用户的增加而提高的一种现象，即使用该产品的用户越多，每个用户在消费过程中所获得的效用也就越大。具有网络效应的产品比比皆是，如移动通信网络和即时通信工具QQ 等。这类产品在无人使用的情况下其价值为 0，但随着使用该产品的用户数量的增多，其价值会越来越大。

目前，对有关网络产品技术许可方面的研究文献还不多见。Lin 和 Kulatilaka（2006）、潘小军等（2008）、王怀祖和熊中楷（2011）、赵丹（2012）等虽然对网络产品的技术许可问题进行了研究，但是上述研究仍有很多不足之处：第一，这些文献均假定消费具有一致性偏好。虽然，赵丹（2012）研究了产品异质性情况下的网络产品的技术许可问题，但是这种异质性也仅仅是在消费者对产品具有相同偏好下共同对产品差异具有一致性的判断而已。现实中，消费者不仅认为产品存在差异（如横向的外观差异和纵向的质量差异），而且在对差异的判定程度上也有很大的不同。第二，网络产品不同于正常产品，它具有高固定成本、低边际成本的特性，即开发阶段的投入非常大，然而一旦开发成功，单位生产成本就

---

① 有关网络产品方面的相关文献可参阅陈宏民（2007）、赵丹和王宗军（2010）、赵丹（2012）及王怀祖（2010）等。

很低（几乎为 0）。因此，对这类产品进行成本降低性工艺创新方面的技术许可问题研究的实际意义不大，潘小军等（2008）以及王怀祖和熊中楷（2011）的研究在理论上行得通，但在实践中并不适用。第三，上述研究以及现有的大多数研究文献都是从许可方利润最大化的角度分析和比较最优的许可策略问题的，甚少有文献从社会福利最大化的角度对许可方的技术许可策略进行研究。

基于以上分析，本章拟研究在消费者具有不同质量偏好的情况下，网络产品市场上在位创新企业的技术许可策略问题，并分别从许可企业利润最大化和社会福利最大化的角度对最优的许可策略进行分析。

第二节　模型描述与假设

考虑一个由两家企业构成的具有网络外部性的产品市场。其中，企业 1 的产品质量为 s_1，企业 2 的产品质量为 s_2，且 $s_1 > s_2$，即企业 1 的产品质量更高。不妨假定 $s_1 = 1$，$s_2 = ts_1 = t$，$t \in (0, 1)$，于是 t 的大小反映了两企业间产品质量的相对差异程度。t 越大，质量差异越小，产品越同质；t 越小，质量差异越大，产品异质性程度越高（Hong et al.，2024）。

对于具有不同质量偏好的消费者而言，不购买产品时其得到的效用为 0，而其购买一单位产品的效用为：$U_i = \theta s_i + v(q_i^e) - p_i$，$i = 1, 2$。其中，$\theta$ 为单位质量的边际效用，反映了消费者的质量偏好，假定其均匀分布于区间 $[0, 1]$，密度为 1。θ 越大，消费者越偏好质量高的产品。$v(q)$ 为单个消费者由于所购买产品网络外部性的存在而导致的效用增加程度或对网络产品的估值（不同情况下有不同的表述，但实质是除产品本身的价值外，在网络外部性或网络效应存在的情况下，消费者额外愿意支付的费用）。q^e 代表消费者对未来可能的网络规模的期望。根据 Metcalfe 法则[①]，令 $v(q) = \beta q$。其中 $\beta \in [0, 1)$ 为网络强度，反映了网络外部性或网络效应的大小。β 越大，产品的网络外部性越强，消费者愿意额外支付的费用越高。特别地，当 $\beta = 0$ 时，网络外部性为 0，则消费者仅仅愿意为产品自身所带来的效用支付费用。另外，对于具有网络外部性的产品而言，可假定其边际成本为 0。比如软件的开发或通信网络的建立，其在开发或建设初期往往要一次性投入巨大成本，而在开发或建设成功后，其生产一单位产品的成本几乎

[①]　此法则由 3Com 创始人 Metcalfe 首次提出，他认为网络的总值与网络中用户或消费者基数的平方成正比。故对于网络的总价值，可由 $qv(q) = \beta q^2$ 近似表达。

为 0。

为了研究两企业间的技术许可问题，我们提出一个四阶段非合作博弈模型，博弈过程如下：第一阶段，企业 1 决定是否进行许可以及以何种方式许可，如果企业 1 决定将其技术许可给企业 2，则企业 1 提出一个"要么接受，要么拒绝"的报价给企业 2；第二阶段，企业 2 决定是否接受企业 1 的许可，我们假定当企业 2 接受与不接受许可在收益上无差别时，企业 2 愿意接受许可；第三阶段，市场领导者按照自身利润最大化的原则首先决定自己的产量；第四阶段，在了解领导者的产量决策的情况下，跟随者再来决定自己的产量以最大化其利润。

以下分析两企业间不发生技术许可的情况。

在不许可的情况下，两家企业各自生产不同质量的产品。由于消费者具有不同的偏好，因此要使消费者在两种不同质量的产品间选择无差异，需使 $U_1 = U_2$。于是可得到：

$$\bar{\theta}_1 = \frac{p_1^{NL} - p_2^{NL} - \beta(q_1^e - q_2^e)}{1-t} \tag{8-1}$$

在不发生技术许可的情况下，质量偏好为 $\theta \geq \bar{\theta}_1$ 的消费者将选择企业 1 的产品，即高质量的产品。对于质量偏好为 $\hat{\theta}_1 \leq \theta < \bar{\theta}_1$ 的消费者来说，购买低质量的产品的效用更高，因此，此类消费者将会选择低质量的产品。而质量偏好为 $\theta < \hat{\theta}_1$ 的消费者将不会购买任何一种产品。

根据消费者的质量偏好情况，在不发生技术许可的情况下，两家企业的需求函数可表示为：

$$q_1^{NL} = \int_{\bar{\theta}_1}^{1} d\theta = 1 - \frac{p_1^{NL} - p_2^{NL} - \beta(q_1^e - q_2^e)}{1-t}$$

$$q_2^{NL} = \int_{\hat{\theta}_1}^{\bar{\theta}_1} d\theta = \frac{p_1^{NL} - p_2^{NL} - \beta(q_1^e - q_2^e)}{1-t} - \frac{p_2^{NL} - \beta q_2^e}{t} \tag{8-2}$$

其中，上标 NL 表示技术许可不发生时的情况。

由式（8-2）可得到两家企业的反需求函数为：

$$p_1^{NL} = 1 + \beta q_1^e - q_1^{NL} - t q_2^{NL}$$

$$p_2^{NL} = t + \beta q_2^e - t q_1^{NL} - t q_2^{NL} \tag{8-3}$$

因此，企业 1 和企业 2 的利润函数可分别表示如下：

$$\pi_1^{NL} = (1 + \beta q_1^e - q_1^{NL} - t q_2^{NL}) q_1^{NL}$$

$$\pi_2^{NL} = (t + \beta q_2^e - t q_1^{NL} - t q_2^{NL}) q_2^{NL} \tag{8-4}$$

在 Stackelberg 博弈中，我们假定企业 1 为领导者，企业 2 为跟随者。利用逆向归纳法，并根据式（8-4）的一阶条件以及 FEE（Fulfilled Expectation Equilibrium）均衡条件①，即 $q_1^e = q_1^{NL}$ 和 $q_2^e = q_2^{NL}$，可得到两企业的均衡产量和价格为：

$$q_1^{NL} = \frac{2t - t^2 - \beta}{(2-\beta)(2t-\beta) - 2t^2} \quad p_1^{NL} = \frac{2t - t^2 - \beta}{2t - \beta} q_1^{NL}$$

$$q_2^{NL} = \frac{t}{2t-\beta}\left[1 - \frac{2t - t^2 - \beta}{(2-\beta)(2t-\beta) - 2t^2}\right] \quad p_2^{NL} = t q_2^{NL} \quad (8-5)$$

由于质量偏好在 $[0, 1]$ 上的每个消费者最多消费一单位的产品，即 $q_1^{NL} + q_2^{NL} \leq 1$。于是由式（8-5）可得到，当 $\beta < t$ 时，有 $q_1^{NL} + q_2^{NL} < 1$，市场未完全覆盖；而当 $\beta = t$ 时，有 $q_1^{NL} + q_2^{NL} = 1$，此时整个产品市场被完全覆盖②且每家企业都有正的产量。对于产品未完全覆盖的情况，易知 $q_1^{NL} > q_2^{NL}$，即与购买低质量产品的消费者相比，购买高质量产品的人数更多。此时，均衡产量、价格和相应的利润可重写为：

$$q_1^{NL} = \frac{1-\beta}{2-3\beta} \quad p_1^{NL} = (1-\beta) q_1^{NL} \quad \pi_1^{NL} = \frac{(1-\beta)^3}{(2-3\beta)^2}$$

$$q_2^{NL} = \frac{1-2\beta}{2-3\beta} \quad p_2^{NL} = \beta q_2^{NL} \quad \pi_2^{NL} = \frac{\beta(1-2\beta)^2}{(2-3\beta)^2} \quad (8-6)$$

当两种产品的质量差异相对较小时（$t = \beta \geq 0.5$），生产低质量产品的企业2将被驱逐出市场，此时企业1将垄断市场，其垄断价格和产量均为 $1/(2-\beta)$。由

---

① FEE 是指可实现的预期均衡，指消费者对市场规模的预期与均衡状态是相同的。Katz 和 Shapiro（1985）、Lin 和 Kulatilaka（2006）对这一问题做了较为详尽的说明。

② 而当 $\beta > t$ 时，则有 $q_1^{NL} + q_2^{NL} > 1$。这说明产品市场上有消费者购买超过一单位的产品，且购买低质量产品的消费者更多，而购买高质量产品的消费者反而少（因为 $q_1^{NL} < q_2^{NL}$）。特别地，对于网络强度 $\beta = 0$ 时，只要存在质量差异（$t > 0$），则始终是购买高质量产品的消费者更多（$q_1^{NL} > q_2^{NL}$）。这充分说明在产品质量差异一定的情况下，网络强度的大小能够决定高质量产品和低质量产品的销量，或者更确切地说是消费者对网络效应和质量效应之间的权衡考虑，决定着高质量产品和低质量产品的销量。以智能手机系统 Google 的 Android 和 Apple 的 ios 为例。在这两大智能系统发布的初期（2009 年左右），消费者对操作系统质量的要求（流畅性、稳定性及易操作性等用户体验）在对其选择上起到了很关键的作用（当然也包括收入）。与同样配置的 Android 相比，ios 系统要更胜一筹，而与此同时，此类系统的网络效应相对较弱（如用户规模、相关应用程序数量等均不够大），因此初期质量效应大于网络效应，高质量的、搭载 ios 系统的手机出货量要更大。但随着网络强度的增大，同时系统间的质量差异降低，网络效应大于质量效应，则可预测的是使用搭载 Android 系统的相对低质量的手机消费者更多。事实也如此，据 ABI Research 发布的 2011 年手机市场报告显示，Android 系统智能手机的出货量首次超越 ios，成为第一大智能手机系统。而在高端手机市场（3000 元以上），据易观国际的数据显示，Android 系统智能手机市场份额占 59%（2010 年为 41%），同样高于 ios 的 38% 的市场份额（2010 年为 44%）。另外，当网络强度足够大 [如 $2t/(1+t) < \beta < 1$] 时，不仅 $q_1^{NL} < q_2^{NL}$，更有 $p_1^{NL} < p_2^{NL}$，即生产高质量产品的企业利润反而更小，而这最终可能导致整个行业的企业均只愿意生产质量较低的产品。这种情况类似于"柠檬市场"，也显然需要政府的干预。关于具有网络外部性的产品市场失灵问题将在以后的研究中进行探讨。

$1/(2-\beta)<1$ 可知，此时市场未完全覆盖。由于本章假定市场被完全覆盖，因此我们将不考虑企业 1 垄断市场的情况。由式（8-6）可知，当 $t=\beta<0.5$ 时，市场被完全覆盖，此时两企业均有正的产量并且购买高质量产品的消费者的数量大于购买低质量产品的消费者的数量（$q_1^{NL}>q_2^{NL}$）。

因此，不许可时消费者剩余 CS^{NL} 为：

$$
\begin{aligned}
CS^{NL} &= \int_{\bar{\theta}_1}^{1} U_1 d\theta + \int_{\hat{\theta}_1}^{\bar{\theta}_1} U_2 d\theta \\
&= \frac{1-2(1-2\beta)(q_1^{NL})^2-(1-\beta)(q_2^{NL})^2}{2} \\
&= \frac{2(2-3\beta)^2-(1-2\beta)(1-\beta)(3-4\beta)}{2(2-3\beta)^2}
\end{aligned}
\tag{8-7}
$$

社会福利 W^{NL} 为：

$$
\begin{aligned}
W^{NL} &= \pi_1^{NL}+\pi_2^{NL}+CS^{NL} \\
&= \frac{1+2\beta(q_1^{NL})^2-(1-3\beta)(q_2^{NL})^2}{2}=\frac{14\beta^3-11\beta^2-3\beta+3}{2(2-3\beta)^2}
\end{aligned}
\tag{8-8}
$$

第三节　固定费许可

当两企业就固定费许可达成协议时，企业 2 将以一次性向企业 1 支付固定费 F 的方式获得企业 1 的技术，此时两企业利用同一个技术标准生产相同质量的产品，即 $s_1=s_2=1$。技术许可后，原来的两个产品市场形成了一个相互兼容的更大的市场，消费者购买任何一家企业的产品所获得的效用相同，即 $U_1=U_2=\theta+\beta(q_1^e+q_2^e)-p^F$。由 $U_1=U_2\geq0$ 可知，质量偏好为 $\theta\geq\theta_2=p^F-\beta(q_1^e+q_2^e)$ 的消费者会购买企业 1 或企业 2 的产品。于是，两企业的需求函数可表示为 $q_1^F+q_2^F=\int_{\theta_2}^{1}d\theta=1-p^F+\beta(q_1^e+q_2^e)$，其反需求函数为：

$$
p^F=1+\beta(q_1^e+q_2^e)-q_1^F-q_2^F
\tag{8-9}
$$

固定费许可下，两企业的利润函数分别为：

$$
\begin{aligned}
\pi_1^F &= p^F q_1^F+F=[1+\beta(q_1^e+q_2^e)-q_1^F-q_2^F]q_1^F+F \\
\pi_2^F &= p^F q_2^F-F=[1+\beta(q_1^e+q_2^e)-q_1^F-q_2^F]q_2^F-F
\end{aligned}
\tag{8-10}
$$

其中，上标 F 表示固定费许可发生的情况。

利用逆向归纳法，并根据式（8-10）的一阶条件和 FEE 均衡条件，可得两

企业的均衡产量和价格为:

$$q_1^F = \frac{1}{2-\beta}, \quad q_2^F = \frac{1}{(2-\beta)^2}, \quad p^F = \frac{1}{(2-\beta)^2} \tag{8-11}$$

由 $q_1^F + q_2^F \leq 1$ 可知,固定费许可需满足的条件为 $\beta \leq \frac{3-\sqrt{5}}{2} \approx 0.38$。

由式(8-11)可得,固定费许可下两企业的利润分别为:

$$\pi_1^F = \frac{1}{(2-\beta)^3} + F, \quad \pi_2^F = \frac{1}{(2-\beta)^4} - F \tag{8-12}$$

许可发生后,企业1的利润要受到企业2的接受许可限制。于是,固定费许可下,企业1需最优化以下问题来实现其利润最大化:

$$\underset{F}{\text{Max}}\,\pi_1^F = \underset{F}{\text{Max}}\left[\frac{1}{(2-\beta)^3} + F\right]$$

$$\text{s. t. } \pi_2^F - \pi_2^{NL} \geq 0 \tag{8-13}$$

由于我们假定当接受许可与拒绝许可无差异时,企业2会选择接受许可。因此,企业2愿意支付的最大固定费 F 可由 $\pi_2^F = \pi_2^{NL}$ 决定。为了与两部制许可下的固定费相区别,固定费许可下,我们用 F_1^* 表示企业1所能索取的最大固定费,于是有:

$$F_1^* = \frac{1}{(2-\beta)^4} - \frac{(1-2\beta)^2\beta}{(2-3\beta)^2} = \frac{(2-3\beta)^2 - (1-2\beta)^2(2-\beta)^4\beta}{(2-3\beta)^2(2-\beta)^4} \tag{8-14}$$

事实上,要使固定费许可发生,除了要满足企业2的接受限制外,还需保证企业1在许可后的总利润不小于许可前的利润才行。这是因为,企业1虽通过许可获得了一笔固定费,但是许可后企业2的产品质量提升,两企业在市场上的竞争会更加激烈,企业1有可能会因竞争强度的增加而使其利润受损。因此,为了保证企业1愿意实施技术许可,企业1许可前后的利润需满足 $\pi_2^F \geq \pi_2^{NL}$ 这一约束条件。命题8-1给出了企业1实施固定费许可的约束条件。

命题8-1 在市场完全覆盖的前提下($\beta = t < 0.5$),当且仅当 $0.3 \leq \beta \leq 0.38$ 时,固定费许可才会发生。

证明见附录4。

固定费许可下,消费者剩余和社会福利分别为:

$$CS^F = \int_{\theta_2}^1 \left[\theta + \beta(q_1^e + q_2^e) - p^F\right]d\theta = \frac{(q_1^F + q_2^F)^2}{2} = \frac{(3-\beta)^2}{2(2-\beta)^4} \tag{8-15}$$

$$W^F = \pi_1^F + \pi_2^F + CS^F = \frac{(3-\beta)(5-\beta)}{2(2-\beta)^4} \tag{8-16}$$

第四节　产量提成许可

当两企业就产量提成许可方式达成协议时，企业 1 将根据企业 2 的产量向企业 2 索取单位提成率为 $r(0<r<1)$ 的费用。许可发生后，两企业利用同一个技术标准生产相同质量的产品，即 $s_1=s_2=1$。此时原来的两个产品市场形成了一个相互兼容的更大的市场。产量提成许可时的反需求函数与式（8-9）相似，为 $p^R=1+\beta(q_1^e+q_2^e)-q_1^R-q_2^R$。于是，产量提成许可下两企业的利润函数可分别表示为：

$$\pi_1^R=p^Rq_1^R+rq_2^R=[1+\beta(q_1^e+q_2^e)-q_1^R-q_2^R]q_1^R+rq_2^R \tag{8-17}$$

$$\pi_2^R=p^Rq_2^R-rq_2^R=[1+\beta(q_1^e+q_2^e)-q_1^R-q_2^R-r]q_2^R \tag{8-18}$$

其中，上标 R 表示固定费许可发生的情况。

利用逆向归纳法，并根据式（8-17）和式（8-18）的一阶条件以及 FEE 均衡条件，可得两企业的均衡产量和价格为：

$$q_1^R=\frac{1-\beta r}{2-\beta} \quad q_2^R=\frac{1-(\beta^2-2\beta+2)r}{(2-\beta)^2} \quad p^R=\frac{1+2(1-\beta)r}{(2-\beta)^2} \tag{8-19}$$

为确保 $q_2^R>0$，单位提成率 r 需满足 $r<\dfrac{1}{2-2\beta+\beta^2}$，同时由 $q_1^R+q_2^R\leqslant 1$ 可得 $r\geqslant\dfrac{-\beta^2+3\beta-1}{2}$。当 $\beta\leqslant 0.38$ 时，上述限制条件总在 $0<r<1$ 的范围内。而对于 $\beta>0.38$ 来说，上述限制条件才具有约束力。将式（8-19）代入式（8-17）和式（8-18）可得两企业的利润分别为：

$$\pi_1^R=\frac{(1-\beta r)[1+2(1-\beta)r]}{(2-\beta)^3}+\frac{1-(\beta^2-2\beta+2)r}{(2-\beta)^2}r$$

$$\pi_2^R=\frac{[1-(\beta^2-2\beta+2)r]^2}{(2-\beta)^4} \tag{8-20}$$

许可发生后，企业 1 的利润要受到企业 2 的接受许可限制。于是，产量提成许可下，企业 1 需最优化以下问题来实现其利润最大化：

$$\max_r\pi_1^R=\max_r\left\{\frac{(1-\beta r)[1+2(1-\beta)r]}{(2-\beta)^3}+\frac{1-(\beta^2-2\beta+2)r}{(2-\beta)^2}r\right\}$$

$$\text{s.t. } \pi_2^R\geqslant\pi_2^{NL} \tag{8-21}$$

由式（8-20）可知，企业 2 的利润是关于提成率 r 的减函数。因此，企业 2 愿意支付的最高提成率 r_1^* 由 $\pi_2^R=\pi_2^{NL}$ 决定，由 $\pi_2^R=\pi_2^{NL}$ 可得：

$$r_1^* = \frac{(2-3\beta)-(1-2\beta)(2-\beta)^2\sqrt{\beta}}{(2-3\beta)(2-2\beta+\beta^2)} \tag{8-22}$$

又由式（8-21）可得，在不考虑企业 2 是否接受许可的情况下，企业 1 所能索取的最高提成率 r_2^* 为：

$$r_2^* = \frac{2(1-\beta)}{4-4\beta+2\beta^2-\beta^3} \tag{8-23}$$

由式（8-22）和式（8-23），可得到企业 1 的最优提成率 $r^* = \min(r_1^*, r_2^*)$。事实上，当 $\beta<0.5$ 时，总有 $r_1^*>r_2^*>0$ 成立（见图 8-1 和图 8-2），即 $r^* = r_2^*$。同时，我们发现对于任意的 $\beta<0.5$，$r_2^* > \frac{-\beta^2+3\beta-1}{2}$ 和 $r_2^* < \frac{1}{2-2\beta+\beta^2}$ 总成立。

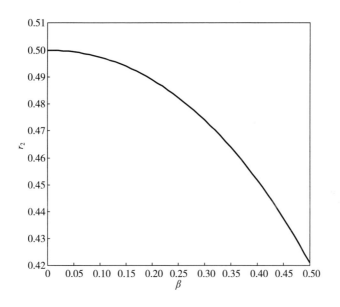

图 8-1　β 与 r_2 的关系

命题 8-2　若市场完全覆盖（$\beta=t<0.5$），当且仅当网络强度相对较小时（$\beta\leqslant0.45$），对企业 1 来讲，产量提成许可总是优于不许可。

证明见附录 4。

产量提成许可下，消费者剩余 CS^R 和社会福利 W^R 分别为：

$$CS^R = \int_{\theta_2}^1 [\theta + \beta(q_1^e + q_2^e) - p^R]d\theta = \frac{(q_1^R + q_2^R)^2}{2} = \frac{(3-\beta-2r_2^*)^2}{2(2-\beta)^4} \tag{8-24}$$

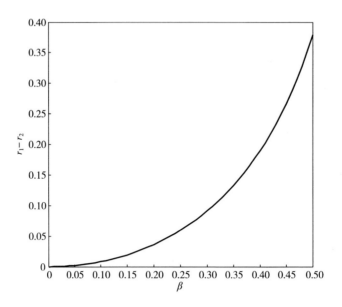

图 8-2 β 与 r_1-r_2 的关系

$$W^R = \pi_1^R + \pi_2^R + CS^R = \frac{(3-\beta-2r_2^*)[5-\beta+(2-4\beta)r_2^*]}{2(2-\beta)^4} \tag{8-25}$$

第五节　两部制许可

当两家企业就两部制许可方式达成协议时，企业 1 不仅向企业 2 收取预付固定费 F，而且还将根据企业 2 的产量向企业 2 索取单位提成率为 $r(0<r<1)$ 的费用。许可后，两家企业的技术标准相同、产品质量相同，此时两家企业所处的市场是一个相互兼容的更大的网络市场。两部制许可下的消费者效应函数和反需求函数与固定费许可和产量提成许可下的相同。于是，两部制许可时企业 1 和企业 2 的利润函数可表示为：

$$\pi_1^{FR} = \pi_1^R + F = \frac{(1-\beta r)[1+2(1-\beta)r]}{(2-\beta)^3} + \frac{1-(\beta^2-2\beta+2)r}{(2-\beta)^2}r + F$$

$$\pi_2^{FR} = \pi_2^R - F = \frac{[1-(\beta^2-2\beta+2)r]^2}{(2-\beta)^4} - F \tag{8-26}$$

两部制许可下，企业 1 通过最优的固定费 F 和单位产量提成费 r 的决策来最大化自身的利润，此时最优的固定费 F 由企业 2 的参与约束条件决定。企业 1 的最优化问题可表示为：

$$\underset{F,r}{\mathrm{Max}}\,\pi_1^{FR} = \underset{F,r}{\mathrm{Max}}\left\{\frac{(1-\beta r)\left[1+2(1-\beta)r\right]}{(2-\beta)^3}+\frac{1-(\beta^2-2\beta+2)r}{(2-\beta)^2}r+F\right\}$$

$$\text{s. t. } \pi_2^{FR} = \pi_2^{R}-F \geqslant \pi_2^{NL} \tag{8-27}$$

由式（8-27）的约束条件，可得企业 2 愿意支付的最大固定费 F_2^* 为：

$$F_2^* = \frac{\left[1-(2-2\beta+\beta^2)r\right]^2}{(2-\beta)^4}-\frac{(1-2\beta)^2\beta}{(2-3\beta)^2} \tag{8-28}$$

将式（8-28）代入式（8-27）中企业 1 的利润函数，并利用其关于单位产量提成费 r 的一阶条件，可得最优的提成率为：

$$r_3^* = \begin{cases} \dfrac{\beta^2-4\beta+2}{4(1-\beta)} & \beta<2-\sqrt{2}\approx 0.59 \\ 0 & \beta\geqslant 0.59 \end{cases} \tag{8-29}$$

由式（8-29）可知，当网络强度较大时（$\beta\geqslant 0.59$），最优的提成率为 0，此时两部制许可降级为固定费许可。然而，由命题 1 可知，当且仅当网络强度 $0.3\leqslant\beta\leqslant 0.38$ 时，固定费许可才会发生，这说明当 $\beta\geqslant 0.59$ 时，两部制许可和固定费许可都不会发生。因此，只有当 $\beta<0.59$ 时，两部制许可才会发生。命题 8-3 给出了固定费约束限制下两部制许可发生的条件：

命题 8-3 在市场完全覆盖的情况下（$\beta=t<0.5$），对企业 1 来说，两部制许可总是优于不许可，且最优的固定费满足：

（1）当网络强度相对较小时（$\beta<0.32$），若预付固定费不受限制（即预付固定费可以为负），此时有 $F_2^*<0$；

（2）当网络强度相对较大时（$0.32\leqslant\beta<0.59$），预付固定费 $F_2^*\geqslant 0$。

证明见附录 4。

两部制许可下，消费者剩余 CS^{FR} 和社会福利 W^{FR} 分别为：

$$CS^{FR} = \frac{(3-\beta-2r_3^*)^2}{2(2-\beta)^4} \tag{8-30}$$

$$W^{FR} = \pi_1^{FR}+\pi_2^{FR}+CS^{FR} = \frac{(3-\beta-2r_3^*)\left[5-\beta+(2-4\beta)r_3^*\right]}{2(2-\beta)^4} \tag{8-31}$$

第六节　最优许可策略分析

在本章第二、第三、第四、第五节中，我们分别在不许可、固定费许可、产量提成许可和两部制许可下对两企业的均衡产量、价格以及社会福利等进行了分析。为了能够从企业和社会的角度对最优的许可策略进行分析，我们将在相同的条件下对各许可策略下的利润（企业 1 的利润）和社会福利进行比较。由 $q_1 + q_2 < 1$，得到市场完全覆盖下网络效应强度应满足 $\beta = t < 0.5$。因此，只需在 $\beta = t < 0.5$ 的前提条件下对各许可策略和相应的社会福利进行比较即可。

由命题 8-1~命题 8-3 可知，固定费许可发生的条件是 $0.3 \le \beta \le 0.38$，产量提成许可发生的条件为 $\beta \le 0.45$，两部制许可发生的条件为 $\beta = t < 0.5$。由于计算非常复杂，我们用作图的方式来直观地比较各许可策略下企业 1 的利润（见图8-3）。

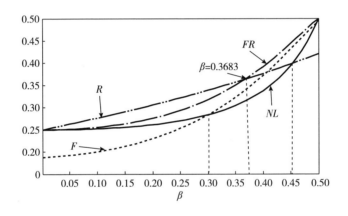

图 8-3 β 变化对最优许可策略的影响

由图 8-3 可以直观地看出 β 取值范围的变化对各许可策略下企业 1 利润的影响，总结以上对比关系可得如下命题：

命题 8-4 从在位创新者的角度来讲，当网络效应强度相对较低时（$0 < \beta < 0.37$），产量提成许可策略是最优的技术许可策略；当网络效应强度相对较高时（$\beta \ge 0.37$），两部制许可策略为最优的技术许可策略。

命题 8-4 表明，从企业利润最大化的角度出发，随着网络效应强度的增加，最优的技术许可策略由产量提成许可变为两部制许可。命题 8-4 的含义是：与无技术许可相比，当技术许可发生时，两企业在相同的技术标准下生产相同的产品，所有用户形成一个相互兼容的、更大的网络且行业的产量增加。行业产量的增加对网络产品的销售价格来说有两个方面的影响：第一，从供需关系来看，产量的增加会引起价格的降低，这主要是由产品的供应方面引起的，我们称之为供应面效应；第二，企业可以对估值较高的用户索取较高的价格，这主要是由需求方面引起的，我们称之为网络效应。除了考虑这两个方面的效应外，我们还需考虑创新者的动机问题。很明显，相比 Cournot 竞争或 Bertrand 竞争来说，创新者更倾向于在 Stackelberg 产量竞争中保持其领导者的地位。由于产量提成许可可以扭曲受许方的边际成本，并使许可方在产量竞争中处于优势地位，因此，主从博弈中，在具有先动优势的情况下，创新者更愿意采取产量提成许可的方式许可其技术。

下面结合供应面效应和网络效应对命题8-4做进一步的分析说明。当网络强度较大（$\beta \geqslant 0.37$）即网络效应优于供应面效应时，创新者应该增加固定许可费用，且此时固定费的增加不影响均衡产量和提成率，因此，两部制许可是最优的许可策略；当网络强度较小（$0 < \beta < 0.37$）即供应面效应优于网络效应时，此时，对创新者来说保持 Stackelberg 领导地位并降低行业产量更有利，由于产量提成许可相对于两部制许可对受许企业和产量的扭曲程度更大，且作用更明显，因此产量提成许可最优。

结合图8-4，我们对不同许可测量下的消费者剩余进行比较，得到如下结论：

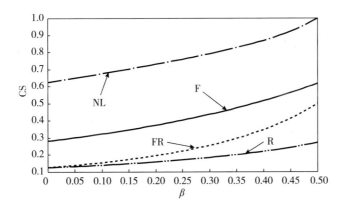

图8-4　不同许可策略下消费者剩余的比较

命题8-5　从消费者剩余的角度来看，无论网络强度和产品质量差异如何，不许可策略总是占优策略；当许可发生时，固定费许可下消费者剩余最大，产量提成许可下消费者剩余最小。

许可不发生时，偏好高质量产品的消费者可以购买高质量的产品，偏好低质量产品的消费者可以选购低质量的产品，因此消费者总能买到自己愿意购买的产品，这同时还意味着不许可时市场能够实现完全覆盖，即不许可时高质量和低质量产品的并存能够满足不同消费者的偏好。而当许可发生时，相比产量提成许可和两部制许可，固定费许可下整个行业的产量最高、价格最低，因此固定费许可下消费者的剩余最大。

图8-5对社会福利进行了比较，得到如下结论：

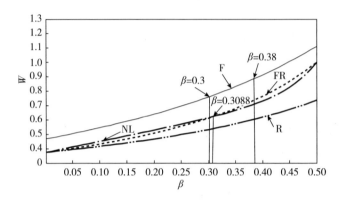

图8-5   不太许可策略下社会福利的比较

命题 8-6   从社会福利最大化的角度来看，若许可前的市场被完全覆盖（$\beta=t<0.5$），则当网络效应较小时（$0<\beta<0.3$），不许可时的社会福利最大；当网络效应适中时（$0.3\leqslant\beta<0.38$），固定费许可的社会福利最大；当网络效应较大时（$0.38\leqslant\beta<0.5$），两部制许可的社会福利最大。

以上命题分别从企业利润最大化和社会福利最大化的角度对最优的许可策略进行了比较，那么，在给定许可策略下，企业利润最大化和社会福利最大化是否产生冲突呢？由命题8-4和命题8-6，我们总结出以下结论：

命题 8-7   在许可前市场被完全覆盖的前提下（$\beta=t<0.5$），若网络效应强度较低（$0<\beta<0.38$），在选择最优许可策略时会存在企业利润最大化和社会福利最大化之间的冲突；若网络效应强度较高（$0.38\leqslant\beta<0.5$），最优许可策略的选择既能满足企业利润最大化又能满足社会福利最大化。

命题8-7表明，社会福利最大化和企业利润最大化这两个目标之间既不存在永远的冲突也不总是一致的。当网络效应强度较低时（$0<\beta<0.3$），从社会福利最大化的角度来讲不许可是占优策略，从创新企业利润最大化的角度来讲产量提成许可是占优策略；当网络效应强度相对较低时（$0.3\leqslant\beta<0.37$），从社会福利最大化的角度来讲固定费许可是占优策略，从创新企业利润最大化的角度来讲产量提成许可是占优策略；当网络效应强度相对较高时（$0.37\leqslant\beta<0.38$），从社会

福利最大化的角度来讲固定费许可是占优策略，从创新企业利润最大化的角度来讲两部制许可是占优策略；当网络效应强度很高时（$0.38 \leqslant \beta < 0.5$），两部制许可既能满足社会福利最大化的目标又能满足创新企业利润最大化的目标。

技术许可有助于技术扩散和产品质量提升，但是从命题8-7来看，并不是所有的许可策略都有利于社会福利的提高。社会福利最大化和企业利润最大化之间的冲突是由不同许可策略本身的特性决定的。事实上，固定费许可、产量提成许可和两部制许可的本质区别就在于其是否对产品市场上的均衡产量和利润产生影响。产量提成许可和两部制许可下，受许可方均需按所生产的产量向许可方缴纳单位提成许可费用，通过提成许可，许可方不仅可以扭曲受许可方的边际成本（使受许可方的单位边际成本提高），同时也降低了受许可方提高产量的动机，进而使许可方在市场竞争中处于优势地位。技术许可虽然可以提高整个行业产品的质量，但是许可后的行业总产量却比许可前降低了，并且产品价格也比许可前提高了，由此消费者的剩余降低，并最终导致社会福利减少。而固定费许可下，由于受许可方的产量不受许可方的限制，与不许可、产量提成许可和两部制许可相比，固定费许可下行业总产量更高、市场价格更低，因此消费者剩余提高、社会福利增加。

第七节　本章小结

本章利用 Stackelberg 博弈理论，在消费者对产品质量具有不同偏好和产品具有网络外部性的情况下，对在位创新者（市场领导者）的最优许可策略进行了研究。在固定费许可、产量提成许可和两部制许可均具备发生条件的前提下，我们分别从在位创新者的角度、消费者的角度以及整个社会的角度对最优的许可策略进行了分析。

研究结果表明：①对在位创新者来说，无论网络效应强度如何，固定费许可均不是最优的许可策略；随着网络效应强度增加，最优的许可策略由产量提成许可变为两部制许可，这与假定消费者具有一致性偏好的 Lin 和 Kulatilaka（2006）的结论不同，同时这也说明在正常产品市场上最优的许可策略——两部制许可（Rostoker，1984；Erutku and Richelle，2007；赵丹和王宗军，2010；赵丹，2012），在消费者具有不同偏好或消费者具有一致性偏好但产品不完全替代时的网络产品市场上却并非总是最优的许可策略。②对于消费者来说，无论网络强度和产品质量差异多大，不许可策略总是占优策略；而在许可发生时，固定费许可下消费者剩余最大，产量提成许可下消费者剩余最小。③从提高社会福利的角度来说，无论网络效应强度如何，产量提成许可均不是最优的许可策略。④在给定许可策略下，企业利润最大化和社会福利最大化的目标往往是不一致的，当网络效应强度较低（$0<\beta<0.38$）时，不存在既满足在位创新企业利润最大化又满足社会福利最大化的最优许可策略；当网络效应强度较高（$0.38\leqslant\beta<0.5$）时，两部制许可策略是既满足在位创新企业利润最大化又满足社会福利最大化的最优许可策略。

第九章　研究结论与展望

第一节　研究结论

本书采用定量和定性相结合的方法展开研究，通过将博弈相关理论、最优控制相关理论和文献计量的相关理论进行结合，同时把网络经济相关理论和产业组织相关理论进行融合，以此方式来系统分析和探讨创新企业的最优技术许可决策问题，具体结论如下：

（1）用 MDS 和 k-core 的方法构建技术许可知识图谱，然后进行图谱的层次关系分析和内容分析，并预测技术许可研究领域当前的研究空白及未来的发展趋势。本部分用文献计量法对 2005~2016 年有关技术许可的研究文献进行了详细分类阐述。此部分首先在 Web of Science 中键入主题 "Technology licensing" 和出版年 "2005—2016" 来获取技术许可方面的文献信息。首先收集了 5000 多篇文献，以映射基于 MDS 和 k-core 的技术许可知识图谱，然后进行图谱的层次关系分析和内容分析，并通过基于技术许可的关键词地图找出了当前技术许可相关文献的研究分类，研究内容的侧重点以及当前的研究空白点和未来的研究趋势，为进一步把握技术许可相关研究进展和未来研究趋势进行了较系统的梳理。除此之外，本部分还结合自己已有的专业知识对未来的技术许可的研究趋势进行了相对科学的分析和预测，并根据知识图谱和最新研究推断出了 6 个有价值的未来研究方向。

（2）在双寡头 Cournot 竞争市场上，研究了质量改进性技术创新的最优许可策略选择的条件。在第四章中，利用博弈论和最优控制理论，主要探讨了拥有质量改进性创新的企业如何许可其创新技术的问题。首先，笔者以不许可的情况进行建模分析，作为许可比较的基准。其次，建立了三种许可模型：固定费许可情形下的模型、单位产量提成许可情形下的模型和两部制许可情形下的模型，在每一种许可决策下分别考察了质量改进性创新对许可方的利润、消费者剩余和社会福利的影响，并以基准模型为基础进行了比较分析。

本部分研究的主要结论如下：

1）当三种许可策略均可以发生时，对许可企业来说，首先考虑两部制许可，因为两部制许可利润最大，其次考虑单位产量提成许可，最后再考虑固定费许可。

2）从消费者的角度来看，当两产品的质量差异较小时（0.571<t<1），固定许可下的消费者剩余最大；当两产品的质量差异较大时（0<t≤0.571），单位产量提成许可下的消费者剩余最大。

3）从社会福利的角度来看，当两产品质量差异较小时（0.571<t<1），固定费许可最优；当两产品质量差异较大时（0<t≤0.571），单位产量提成许可最优。

从以上结论可以看出，对于许可方来讲，无论两产品质量差异如何变化，两部制许可都优于固定费许可和单位产量提成许可。这一结论与大多数有关成本降低性技术许可的研究结论相一致。而从消费者和社会的角度来看，当两产品的质量差异较小时，固定许可下的消费者剩余和社会福利最大；当两产品的质量差异较大时，单位产量提成许可下的消费者剩余和社会福利最大。这一结论则与成本降低性技术许可方面的研究结论有很大的不同，因为大多数关于成本降低性技术许可的研究都认为固定费许可下的消费者剩余和社会福利最大。

（3）在网络产品市场上探讨了研发结局不确定情况下，网络效应强度大小对创新者技术许可决策的影响。第五章考虑了 R&D 结局不确定的情况，在网络产品市场上，对质量改进性技术创新如何进行技术许可的问题进行了研究。本部分通过建立一个包含研发、许可与生产的三阶段的博弈模型来展开研究，通过模型的计算求解来分析产品的网络效应和质量差异对随机研发企业最优许可策略的影响。分固定费许可、单位产量提成许可和两部制许可三种许可情形，从许可方期望利润最大化的角度，对许可方的许可决策进行了研究，并分析了不同许可策略下的消费者剩余和社会福利的大小。本部分重点研究了在哪些条件下更适合采取哪种类型的许可策略，并对不同许可策略下的企业收益、消费者收益及社会收益三个方面进行了比较分析。通过本章的建模计算和分析，在 R&D 结局不确定的情况下，研究发现：

1）当 0≤β≤0.38 时，采取两部制许可的概率等同于产量提成许可的概率，即有 $E[\pi_1^{ER}(p)]-E[\pi_1^R(p)]\approx0$，此时两部制许可进一步退化，基本等同于产量提成许可；当 0.38<β≤0.5 时，企业1实施两部制许可的概率大于其实施产量提成许可的概率，并且 $E[\pi_1^{FR}(p)]-E[\pi_1^R(p)]>0$，选择两部制许可；当 0.5<$\beta$≤0.61 时，两部制许可不发生，此时采取产量提成许可是企业1的首选。

2）无论网络效应强度（或两企业间产品质量的相对差异程度）大小如何，两部制许可总是优于固定费许可。

3）当 $0 \leqslant \beta \leqslant 0.22$ 时，固定费许可不发生，因此，选择产量提成许可；当 $0.22 < \beta \leqslant 0.45$ 时，产量提成许可发生的概率大于固定费许可发生的概率，且 $E[\pi_1^R(p)] > E[\pi_1^F(p)]$，此时产量提成许可是企业1的首选；当 $0.45 < \beta \leqslant 0.5$ 时，从许可产生概率的大小角度来看，固定费许可大于产量提成许可，且 $E[\pi_1^R(p)] < E[\pi_1^F(p)]$，此时，固定费许可是企业1的首选；当 $0.5 < \beta \leqslant 0.61$ 时，产量提成许可是企业1的首选。

4）当三种许可策略均有可能发生时（$0.22 < \beta \leqslant 0.5$），两部制许可始终占优于固定费许可与单位产量提成许可。

5）当三种许可策略均有可能发生时（$0.22 < \beta \leqslant 0.5$），固定费许可条件下的消费者剩余是最高的，其次是两部制许可，产量提成许可时的消费者剩余最低。在三种许可下，消费者剩余均随着网络强度 β 的增大而增大。分析三种许可策略下的社会福利可以发现，只有在 $0.22 < \beta \leqslant 0.5$ 时，三种许可均有可能发生。

6）当三种许可策略均有可能发生时（$0.22 < \beta \leqslant 0.5$），固定费许可条件下的社会福利是最高的，其次是两部制许可，产量提成许可时的社会福利最低。

（4）在差异化的双寡头市场上研究了许可方和被许可方进行混合竞争（Cournot-Bertrand 或 Bertrand-Cournot 竞争）时的最优技术许可策略选择问题。第六章提出了这样的一个混合竞争模型，即在一个差异化的双寡头垄断市场上，存在两家下游企业和一家上游供应商，且两家下游企业中的一家企业拥有创新技术，另一家是潜在的被许可方，对许可方怎样才能做出最佳的许可决策进行了研究。研究发现，当产品间的替代程度较小时，Bertrand-Cournot 竞争对许可方更有利，并且随着产品间替代程度的增大，无论采取何种混合竞争模式，许可方都倾向于采用固定费许可；采用固定费许可时，无论采取何种混合竞争模式，许可方的利润均相同。此外，研究还发现，从消费者的角度来说，固定费许可并不总是最优的，当产品间的替代程度很小时，单位产量提成许可对消费者更有利。

具体研究结论如下：

1）在 Cournot-Bertrand 竞争下，许可方发现通过固定收费合同进行许可比不进行许可更有利可图，这种许可决策对供应商、消费者及整个社会都有好处。

2）在 Bertrand-Cournot 竞争的情况下，许可方发现以固定费许可的方式进行技术许可比不进行技术许可更有利可图，这种技术许可方式同时也对供应商、消费者和整个社会有益，当实行固定费许可时，混合竞争的类型 Cournot-Bertrand 或者 Bertrand-Cournot 对市场参与者没有任何影响。

3）相对于 Cournot-Bertrand 竞争，在 Bertrand-Cournot 竞争下，如果产品的替代程度不超过 0.39，许可方更倾向于使用产量提成许可的技术许可方式，如果产品的替代程度大于 0.39，无论是在 Cournot-Bertrand 竞争模式下还是在 Bertrand-Cournot 竞争模式下，企业 1 都会选择固定许可决策。

（5）对技术市场上存在质量改进性技术和成本降低性技术时各持有方的交叉许可行为进行了研究。第七章提出了这样的一个混合竞争模型，即在一个差异化的双寡头垄断市场上，存在两家下游企业和一家上游供应商，且两家下游企业中的一家企业拥有创新技术，另一家是潜在的被许可方，对许可方怎样才能做出最佳的许可决策进行了研究。在 Bertrand 竞争模式下将交叉许可与两类不同的单向许可策略进行了比较，并将 Bertrand 竞争下交叉许可的结果与 Cournot 竞争下交叉许可的结论进行了比较，并在交叉许可存在激励的情况下考察了竞争模式对企业利润、消费者剩余及社会福利的影响，弥补了现有研究在交叉许可方面的不足。

扩展并对比 Zhao（2017）的研究文献，本部分对技术市场上存在质量改善性技术和成本降低性技术时各技术持有方的技术许可行为进行了研究，并在交叉许可存在激励的情况下考察了竞争模式对企业利润、消费者剩余及社会福利的影响。研究发现：

1）无论成本降低性创新规模为显著性还是非显著性，只有质量改善性技术（成本降低性技术）持有方的生产成本（产品质量）足够高（低）时，企业才会有参与许可的动机。一方面，这意味着存在质量—成本的组合区间，使得交叉许可发生；另一方面，这还意味着即便进行显著性创新，创新一方仍有放弃垄断利润的动机——只要企业获取的低端市场大部分的利润以及高端市场的部分利润之和超过低端市场时的垄断利润即可。

2）只要技术的持有方具有交叉许可的参与动机，交叉许可必然发生。这是因为在下游企业进行价格竞争的预期下，交叉许可的出现会促使参与许可的企业生产成本降低、产品质量改善，从而获取有利的市场位置，并且达成默契合谋，进而造成完全垄断的效果。这一结论与 Fershtman 和 Kamien（1992）、Eswaran（1994）、Lin（1996）、Klein（1997）、Beard 和 Kaserman（2002）、Lefouili 和 Jeon（2015）、Jeon（2016）等的结论相似。同时对比 Zhao（2017）的结论——创新规模较大的情况下交叉许可不发生，这意味着交叉许可在价格竞争下比在产量竞争下发生的可能性更大。

3）相比产量竞争，在价格竞争预期下，交叉许可后所带来的价格更高、生产者剩余更高，而消费者剩余和社会福利更低。这表明技术许可本身的策略性显著改变了传统上关于 Bertrand 价格竞争比 Cournot 数量竞争更有效率的争论；这与不考虑技术许可时 Singh 和 Vives（1984）等的结论明显不同，与成本极度不对称 Dastidar（1997）的结论、研发溢出较大且产品差异较小时 Symeonidis（2003）的结论、存在上游垄断势力时 Alipranti 等（2014）的结论、供给端竞争时 Delbono 和 Lambertini（2016）的结论相似。同时在价格竞争的预期下，交叉许可确实造成了默契合谋的结果，进而损害了社会福利。但交叉许可行为本身并不是造成垄断的罪魁祸首，因为在数量竞争下交叉许可反而对消费者和社会有利，这说明下游企业竞争模式的效率起了至关重要的作用。交叉许可所带来的差异化影响（包括对创新、利润及社会福利等的影响）暗示了对于政策制定者是否应进行反垄断调查不能一概而论，要视具体情况综合考虑。

4）"价格竞争+交叉许可"下的默契合谋并不总是稳定的。其稳定性取决于参与方的议价能力：当参与方的议价能力适中［如 $\alpha \in (\alpha_1^*, \alpha_2^*)$］时，生产者剩余最大，许可双方均一致偏好价格竞争模式。此时可通过默契合谋，制定垄断产量并获取垄断利润。然而当任意一方议价能力较强时，参与双方在下游竞争模式的偏好上会产生冲突：议价能力较强的一方在选择价格契约时利润更大，议价能力较弱的一方则在选择数量契约时的利润更优。对参与双方而言，次优的 Cournot-Bettrand 混合竞争出现。换句话说，这种模式的出现虽不是谈判失败的结果，但至少不是双赢的结局。

（6）考虑质量偏好和网络效应的在位创新企业技术许可研究。目前大多数研究文献都是对创新者的成本降低性工艺技术创新的技术许可问题进行研究的，对质量改善性工艺技术创新的研究较少，考虑消费者具有不同质量偏好时的技术许可问题的研究则更少。第八章利用 Stackelberg 博弈理论，在消费者对产品质量具有不同偏好和产品具有网络外部性的情况下，对在位创新者（市场领导者）的最优许可策略进行了研究，并分别从在位创新者、消费者及整个社会的角度对最优的许可策略进行了分析。研究结果表明：

1）对于在位创新者来说，无论网络效应强度如何，固定费许可均不是最优的许可策略；随着网络效应强度增加，最优的许可策略由产量提成许可变为两部制许可。

2）对于消费者来说，无论网络强度和产品质量差异如何，不许可策略总是占优策略；而在许可发生时，固定费许可下消费者剩余最大，产量提成许可下消费者剩余最小。

3）从提高社会福利的角度来说，无论网络效应强度如何，产量提成许可均不是最优的许可策略。

4）在给定许可策略下，企业利润最大化和社会福利最大化的目标往往是不一致的，当网络效应强度较低时，不存在既满足在位创新企业利润最大化又满足社会福利最大化的最优许可策略；当网络效应强度较高时，两部制许可策略是既满足在位创新企业利润最大化又满足社会福利最大化的最优许可策略。

第二节　研究不足及展望

本书首先利用文献计量的方法对有关技术许可问题的研究进行了系统的综述，借助共词分析、K-核社会网络分析和多维尺度分析等方法构建了技术许可研究领域的知识地图，明确了技术许可研究领域存在的主要问题，并指出了未来的可能研究方向。其次，在后续几个章节里笔者对其中一些问题进行了研究。这些研究充实了现有技术许可相关理论研究的内容，但仍有很多非常具有现实意义的问题未能涉及。具体概括如下：

（1）跨学科、跨领域的交叉问题。基于技术许可研究的 K-核和 MDS 关键词网络地图表明，技术许可与其他领域的跨学科集成研究还比较少。事实上，专利与创新、企业管理等领域有着密切的联系。现在，有一些学者将许可与其他研究领域相结合，如技术许可与闭环供应链以及技术许可与再制造的结合研究等（Huang and Wang，2017；Hong et al.，2017）。灰色市场是一个新兴的研究领域，技术许可也可以与灰色市场研究领域相联系，因为技术溢出会影响双渠道的竞争。此外，研究人员还可以把技术许可与"政府"和"教育"两方面结合起来进行研究，以促进技术许可与其他研究领域的集成研究。

（2）针对平台企业的技术许可问题。与传统企业相比，平台企业是伴随着电子商务的发展而兴起的一种新型的企业组织，平台企业最大的特点就是以互联网效应来吸引消费者。借助互联网优势，平台企业可以更加有效地与客户沟通，可以更加详细及时地记录客户的行为，并可以借助大数据技术科学地预测平台企业用户的需求并激励其大胆创新。然而，信息技术是把双刃剑，由于互联网的存在也在一定程度上增加了信息泄露和技术溢出的风险，这对平台企业之间的技术许可有着至关重要的影响。目前，在中小平台企业的合作与许可行为普遍存在的情况下，当前的研究并没有深入关注平台企业的技术许可这一领域。

（3）用动态博弈的理论研究技术许可的问题。当前已有大量的文献采用非合作博弈理论和静态博弈理论来分析在位企业与创新者之间的关系，然而由于技术许可是企业之间的一种长期互动行为，因此，采用合作博弈理论和动态博弈理论来寻求企业间的长期均衡，最佳的许可策略是许可企业和受许可企业的迫切需求，未来可从动态博弈的角度来研究技术许可策略问题。

（4）本书假定下游产品市场为双边垄断市场，未来研究可将本书中一对一（一个许可方和一个被许可方）的市场结构拓展到一对多（一个许可方和多个被许可方）的市场环境下，考虑由一个许可方和 $n(n \geq 2)$ 个被许可方构成的多寡头竞争市场，研究许可方的不同技术许可策略（固定费许可、单位产量提成许可和两部制许可）和许可证发放数量（即向多少个被许可方许可技术）如何影响许可方和被许可方的产量和定价决策及其利润的问题。研究不同许可策略和许可证发放数量对许可方和被许可方决策的影响，给出相应均衡解存在且满足唯一性的条件；在存有多个均衡策略解的情况下，寻找出帕累托最优解。并在许可方利润最大化的基础上，分析许可方的最优技术许可策略和许可证发放数量对消费者剩余和社会福利的影响。

（5）现有研究大都假设产品市场的需求是确定的，未来研究可考虑市场需求不确定的情形。在市场需求不确定的情况下，研究创新企业采取不同的技术许可决策是如何影响许可方和被许可方的产量或定价决策及各成员的利润。分析许可方和被许可方如何在产品竞争市场上选择最优策略，并以满足许可方自身期望利润最大化的最优许可策略为基础，分析双方的决策优化问题。

（6）在交叉许可研究中，并未考虑上游要素供应商的垄断势力和议价能力。正如 Alipranti 等（2014）、Basak 和 Mukherjee（2017）所谈到的，上游垄断势力会对竞争模式的效率产生影响，因此"技术许可的策略性+纵向垄断势力"对竞争模式效率的影响是可研究方向之一。同时，混合所有制改革是中国目前改革的一大重点之一，结合中国公私合营混改政策背景，若博弈对象为混改企业（相对利润最大化为目的）与私营企业（绝对利润最大化），此时的结论是否成立是值得进一步探讨的。此外，第七章简单谈到 Cournot-Bettrand 混合竞争模式的出现不是双赢的结局，若不同技术的持有方在竞争模式上进行博弈，则有四种竞争模式出现。四种模式下何种模式最有效率、与传统结论是否相悖，也是值得研究的。

（7）第六章有关混合竞争模式下技术许可的研究中，假定上游供应商只有一个，而不涉及最优许可数量的情况下的固定费用许可和产量提成许可的比较问题。实际上，在市场实际中可能存在多个供应商提供给同一家下游企业不同的或者相同的原材料或关键零部件的现象，也会存在一家创新企业同时把自己的创新技术许可给多个潜在的被许可方的情形，这些实际市场存在的有关技术许可决策的问题，都很值得进一步深入研究。另外，第六章的研究仅仅比较了固定费许可和产量提成许可的许可决策问题，并没有包含更加复杂的许可方法，如两部制许可和创新程度等，这可能是一个有趣的话题，也是我们下一步在相关条件成熟以后进一步研究的一个方向。

参考文献

[1] 刘凤朝，邬德林，马荣康．专利技术许可对企业创新产出的影响研究——三种邻近性的调节作用［J］．科研管理，2015，4：91-100.

[2] 慕艳芬，马祖军，聂佳佳．碳税政策下竞争性企业低碳技术选择和技术许可研究［J］．技术经济与管理研究，2017，6：115-119.

[3] 苏平，覃学．三寡头垄断市场中内部创新企业专利许可问题研究［J］．科技管理研究，2015，11：159-163.

[4] 田晓丽．纵向兼并劣于技术许可吗？［J］．管理科学学报，2016，8：32-42.

[5] 万光羽，曹裕．新产品开发合作中优先许可权机制研究［J］．管理科学学报，2022，25（7）：41-60.

[6] 王怀祖，苏平，黄俊．网络外部性环境下非对称性专利联盟形成问题研究［J］．科技管理研究，2013，1：158-163.

[7] 王怀祖，熊中楷，黄俊．双边市场条件下的技术许可策略研究［J］．科学研究管理，2012，2：206-213.

[8] 王元地，刘凤朝，潘雄锋．专利技术许可与中国企业创新能力发展［J］．科学学研究，2011，12：1821-1828.

[9] 谢瑞强，朱雪忠．基于风险矩阵的技术许可违约风险管理研究［J］．科学学研究，2023，41（2）：286-295.

[10] 熊磊，吴晓波，朱培忠，陈小玲．技术能力、东道国经验与国际技术许可——境外企业对中国企业技术许可的实证研究［J］．科学学研究，2014，2：226-235.

[11] 赵丹，陈宏民，洪宪培．网络外部性、消费者质量偏好与技术许可选择［J］．研究与发展管理，2015，1：1-13.

[12] 赵丹，王宗军，张洪辉．产品异质性、成本差异与不完全议价能力企业技术许可［J］．管理科学学报，2012，2：15-27.

[13] 赵丹，王宗军．消费者剩余、技术许可选择与双边政府 R&D 补贴［J］．科研管理，2012，2：88-96.

[14] 钟德强，罗定提，仲伟俊，刘辉．异质产品 Cournot 寡头竞争企业替代技术许可竞争策略分析［J］．系统理论与实践，2007，9：24-37.

[15] Abernathy, W. J. , Utterback, J. M. Patterns of industrial innovation [J]. Technology Review, 1978, 80 (7): 40-47.

[16] Agrawal, A. , Bhattacharya, S. , Hasija, S. Cost - reducing innovation and the role of patent intermediaries in increasing market efficiency [J]. Production and Operations Management, 2016, 25 (2): 173-191.

[17] Alvarez-Hamelin, J. I. , Dall'Asta, L. , Barrat, A. , Vespignani, A. K-core decomposition of Internet graphs: Hierarchies, selfsimilarity and measurement biases [J]. Networks and Heterogeneous Media, 2008, 3 (2): 371-393.

[18] Allain, M. , Henry, E. , Kyle, M. Competition and the efficiency of markets for technology [J]. Management Science, 2016, 62 (4): 1000-1019.

[19] Anand, B. N. , Khanna, T. The structure of licensing contracts [J]. Journal of Industrial Economics, 2000, 48 (1): 103-135.

[20] Arora, A. , Ceccagnoli, M. Patent protection, complementary assets, and firms' incentives for technology licensing [J]. Management Science, 2006, 52 (2): 293-308.

[21] Arora, A. , Fosfuri, A. Licensing the market for technology [J]. Journal of Economic Behavior & Organization, 2003, 52 (2): 277-295.

[22] Arora, A. , Rønde, T. Managing licensing in a market for technology [J]. Management Science, 2013, 59 (5): 1092-1106.

[23] Arrow, K. Economic welfare and the allocation of resources for invention [A]//Universities-National Bureau Committee for Economic Research, & Committee on Economic Growth of the Social Science Research Council (Eds.). The rate and direction of inventive activity: Economic and social factors [M]. Princeton University Press, 1962: 609-626.

[24] Arya, A. , Mittendorf, B. Enhancing vertical efficiency through horizontal licensing [J]. Journal of Regulatory Economics, 2006, 29 (3): 333-342.

[25] Bagchi, A. , Mukherjee, A. Technology licensing in a differentiated oligopoly [J]. International Review of Economics & Finance, 2014, 29: 455-465.

[26] Beard, T. R. , Kaserman, D. L. Patent thickets, cross - licensing, and antitrust [J]. The Antitrust Bulletin, 2002, 47 (2-3): 345-368.

[27] Belaud, J. , Negny, S. , Dupros, F. , Michéa, D. , Vautrin, B. Collaborative simulation and scientific big data analysis: Illustration for sustainability in natural hazards management and chemical process engineering [J]. Computers in Industry, 2014, 65 (3): 521-535.

[28] Bertrand, J. Review of théorie mathématique de la richesse sociale and recherches sur les principes mathématique de la théorie des richesses [J]. Journal des

Savants, 1883, 68: 499–508. [English translation reprinted in Daughety, A. F. (1988) . Cournot Oligopoly: Characterizations and Applications. New Cambridge University Press, New York.]

[29] Bhattacharya, S. , Gaba, V. , Hasija, S. A comparison of milestone – based and buyout options contracts for coordinating R&D partnerships [J]. Management Science, 2015, 61 (5): 963–978.

[30] Borah, A. , Tellis, G. J. Make, Buy, or Ally? Choice of and payoff from announcements of alternate strategies for innovations [J]. Marketing Science, 2014, 33 (1): 114–133.

[31] Bousquet, A. , Cremer, H. , Ivaldi, M. , Wolkowicz, M. Risk sharing in licensing [J]. International Journal of Industrial Organization, 1998, 16 (5): 535–554.

[32] Brown, A. , Wood, M. , Scheaf, D. Discovery sells, but who's buying? An empirical investigation of entrepreneurs' technology license decisions [J]. Journal of Business Research, 2022, 144: 403–415.

[33] Callon, M. , Courtial, J. P. , Laville, F. Co–word analysis as a tool for describing the network of interactions between basic and technological research: The case of polymer chemistry [J]. Scientometrics, 1991, 22 (1): 155–205.

[34] Carmi, S. , Havlin, S. , Kirkpatrick, S. , Shavitt, Y. , Shir, E. A model of Internet topology using k–shell decomposition [J]. Proceedings of the National Academy of Sciences of the United States of America, 2007, 104 (27): 11150–11154.

[35] Chang, R. Y. , Lin, Y. S. , Hu, J. H. Mixed competition and patent licensing [J]. Australian Economic Papers, 2015, 54 (4): 229–249.

[36] Chao, G. H. , Iravani, S. M. R. , Savaskan, R. C. Quality improvement incentives and product recall cost sharing contracts [J]. Management Science, 2009, 55 (7): 1122–1138.

[37] Chen, G. , Xiao, L. Selecting publication keywords for domain analysis in bibliometrics: A comparison of three methods [J]. Journal of Informetrics, 2016, 10 (1): 212–223.

[38] Chen, Y. , Yang, Y. , Wang, L. F. S. , Wu, S. Technology licensing in mixed oligopoly [J]. International Review of Economics & Finance, 2014, 31: 193–204.

[39] Choi, J. P. Patent pools and cross–licensing in the shadow of patent litigation [J]. International Economic Review, 2010, 51 (2): 441–460.

[40] Choi, J. P. Technology transfer with moral hazard [J]. International Journal

of Industrial Organization, 2001, 19 (1-2): 249-266.

[41] Clark, G. L., Monk, A. H. B. The production of investment returns in spatially extensive financial markets [J]. Social Science Electronic Publishing, 2014, 67 (4): 1-13.

[42] Clauset, A., Moore, C., Newman, M. E. J. Hierarchical structure and the prediction of missing links in networks [J]. Nature, 2008, 453 (7191): 98-101.

[43] Colombo, S., Filippini, L. Patent licensing with Bertrand competitors [J]. The Manchester School, 2015, 83 (1): 1-16.

[44] Corbetr, A. T., Anderson, J. R. Knowledge tracing: Modeling the acquisition of procedural knowledge [J]. User Modeling and User-Adapted Interaction, 1995, 4: 253-278.

[45] Coulter, N., Monarch, I., Konda, S. Software engineering as seen through its research literature: A study in co-word analysis [J]. Journal of the American Society for Information Science, 1998, 49 (13): 1206-1223.

[46] Cournot, A. Recherches sur les principles mathématique de la théorie des Richesses [A]//Cournot Oligopoly: Characterizations and Applications [M]. New York: Cambridge University Press, 1988.

[47] Crama, P., De Reyck, B., Degraeve, Z. Milestone payments or royalties? Contract design for R&D licensing [J]. Operations Research, 2008, 56 (6): 1539-1552.

[48] Crama, P., De Reyck, B., Degraeve, Z. Step by step. The benefits of stage-based R&D licensing contracts [J]. European Journal of Operational Research, 2013, 224 (3): 572-582.

[49] Crama, P., De Reyck, B., Taneri, N. Licensing contracts: Control rights, options, and timing [J]. Management Science, 2017, 63 (4): 1131-1149.

[50] de Bettignies, J., Liu, H., Robinson, D., Gainulline, B. Competition and innovation in markets for technology [J]. Management Science, 2023, 69 (8): 4753-4773.

[51] de Rassenfosse, G., Palangkaraya, A., Webster, E. Why do patents facilitate trade in technology? Testing the disclosure and appropriation effects [J]. Research Policy, 2016, 45 (7): 1326-1336.

[52] Ding, Y., Chowdhury, G. G., Foo, S. Bibliometric cartography of information retrieval research by using co-word analysis [J]. Information Processing & Management, 2001, 37 (6): 817-842.

[53] Dixit, A. A model of duopoly suggesting a theory of entry barriers [J]. The

Bell Journal of Economics, 1979, 10: 20-32.

[54] Duchêne, A., Sen, D., Serfes, K. Patent licensing and entry deterrence: The role of low royalties [J]. Economica, 2015, 82: 1324-1348.

[55] Erat, S., Kavadias, S., Gaimon, C. The pitfalls of subsystem integration: When less is more [J]. Management Science, 2013, 59 (3): 659-676.

[56] Erkal, N. Optimal licensing policy in differentiated industries [J]. Economic Record, 2005, 81 (3): 51-60.

[57] Eswaran, M. Cross-licensing of competing patents as a facilitating device [J]. Canadian Journal of Economics, 1994: 689-708.

[58] Fershtman, C., Kamien, M. I. Cross licensing of complementary technologies [J]. International Journal of Industrial Organization, 1992, 10 (3): 329-348.

[59] Filippini, L. Licensing contract in a stackelberg model [J]. Manchester Schoocl, 2005, 73 (5): 582-598.

[60] Foss, N. J., Laursen, K., Pedersen, T. Linking customer interaction and innovation: The mediating role of new organizational practices [J]. Organization Science, 2011, 22 (4): 980-999.

[61] Gallini, N. Deterrence by market sharing: A strategic incentive for licensing [J]. American Economic Review, 1984, 74: 931-941.

[62] Gallini, N. T., Winter, R. A. Licensing in the theory of innovation [J]. The RAND Journal of Economics, 1985, 16 (2): 237.

[63] Gallini, N. T., Wright, B. D. Technology transfer under asymmetric information [J]. The RAND Journal of Economics, 1990, 21 (1): 147-160.

[64] Ganesan, G., Li, Y. G. Cooperative spectrum sensing in cognitive radio, part I: Two user networks [J]. IEEE Transactions on Wireless Communications, 2007a, 6 (6): 2204-2213.

[65] Ganesan, G., Li, Y. G. Cooperative spectrum sensing in cognitive radio, part II: Multiuser networks [J]. IEEE Transactions on Wireless Communications, 2007, 6 (6): 2214-2222.

[66] Geradin, D., Layne-Farrar, A., Padilla, A. J. Elves or trolls? The role of nonpracticing patent owners in the innovation economy [J]. Industrial and Corporate Change, 2012, 21 (1): 73-94.

[67] Graham S. J. H., Sichelman T. Why do start-ups patent? [J]. Berkeley Technology Law Journal, 2008, 23: 1064-1070.

[68] Grindley, P. C., Teece, D. J. Licensing and cross licensing in semiconductors and electronics [J]. California Management Review, 1997, 40 (3): 55-79.

[69] Hackner J. A note on price and quantity competition in differentiated oligo-

polies [J]. Journal of Economic Theory, 2000, 93 (2): 233-239.

[70] Haraguchi J. , Matsumura T. Cournot-Bertrand comparison in a mixed oligopoly [J]. Journal of Economics, 2016, 117 (2): 117-136.

[71] Hattori, M. , Tanaka, Y. License or entry in duopoly with quality improving innovation: Alternative definitions of license fee [J]. Journal of Economics & Management, 2017, 13 (1): 1-26.

[72] Haykin, S. , Thomson, D. J. , Reed, J. H. Spectrum sensing for cognitive radio [J]. Proceedings of the IEEE, 2009, 97 (5): 849-877.

[73] Herrera, H. , Schroth, E. Profitable innovation without patent protection: The case of derivatives [R]. Working Paper. ITAM. Centro de Investigacion Economica. Mexico, 2003.

[74] Hong, X. , Govindan, K. , Xu, L. , Du, P. Quantity and collection decisions in a closed-loop supply chain with technology licensing [J]. European Journal of Operational Research, 2017, 256 (3): 820-829.

[75] Hong, X. , Lu, Q. , Xu, L. , Govindan, K. , Meidute, I. Licensing strategy for a stochastic R&D firm in a differentiated cournot duopoly model [J]. Inzinerine Ekonomika-Engineering Economics, 2015, 26 (5): 478-488.

[76] Hong, X. , Zhou, M. , Gong, Y. Dilemma of quality information disclosure in technology licensing [J]. European Journal of Operational Research, 2021, 289 (1): 132-143.

[77] Hong, X. , Zhou, M. , Gong, Y. Technology licensing under competition: Absorptive capacity vs. innovation capability [J]. IEEE Transactions on Engineering Management, 2024, 71: 3129-3143.

[78] Horner, S. , Papageorgiadis, N. , Sofka, W. , Angelidou, S. Standing your ground: Examining the signaling effects of patent litigation in university technology licensing [J]. Research Policy, 2022, 51 (10): 104598.

[79] Horstmann, I. , MacDonald, G. , Slivinski, A. Patents as information transfer mechanisms: To patent (or maybe) not to patent [J]. Journal of Political Economy, 1985, 93 (5): 837-858.

[80] Hu, J. , Zhang, Y. Research patterns and trends of recommendation system in China using co-word analysis [J]. Information Processing & Management, 2015, 51: 329-339.

[81] Huang, Y. , Wang, Z. Closed-loop supply chain models with product take-back and hybrid remanufacturing under technology licensing [J]. Journal of Cleaner Production, 2017, 142: 3917-3927.

[82] Jeon, H. Patent litigation and cross licensing with cumulative innovation

[J]. Journal of Economics, 2016, 119 (3): 179-218.

[83] Joglekar, N. R., Davies, J., Anderson, E. G. The role of industry studies and public policies in production and operations management [J]. Production and Operations Management, 2016, 25 (12): 1977-2001.

[84] Jouini, W. Energy detection limits under log-normal approximated noise uncertainty [J]. IEEE Signal Processing Letters, 2011, 18 (7): 423-426.

[85] Kabiraj T., Maijit S. International technology transfer under potential threat of entry: A Cournot-Nash framework [J]. Journal of Development Economics, 1993, 42 (1): 75-88.

[86] Kabiraj T., Maijit S. Technology and price in a non-cooperative framework [J]. International Review of Economics & Finance, 1992, 1 (4): 371-378.

[87] Kabiraj, A., Kabiraj, T. Tariff induced licensing contracts, consumers' surplus and welfare [J]. Economic Modelling, 2017, 60: 439-447.

[88] Kabiraj, T. Patent licensing in a leadership structure [J]. The Manchester School, 2004, 72 (2): 188-205.

[89] Kamien, M. I., Oren, S. S., Tauman, Y. Optimal licensing of cost-reducing innovation [J]. Journal of Mathematical Economics, 1992, 21 (5): 483-508.

[90] Kamien, M. I., Tauman, Y. Fees versus royalties and the private value of a patent [J]. Quarterly Journal of Economics, 1986, 101 (3): 471-491.

[91] Kamien, M. I., Tauman, Y. Patent licensing: The inside story [J]. The Manchester School, 2002, 70 (1): 7-15.

[92] Katz, M. L., Shapiro, C. Network externalities, competition and compatibility [J]. The America Economic Review, 1985, 75 (3): 424-440.

[93] Khasseh, A. A., Soheili, F., Moghaddam, H. S., Chelak, A. M. Intellectual structure of knowledge in iMetrics: A co-word analysis [J]. Information Processing & Management, 2017, 53: 705-720.

[94] Kim, S. Biform game based cognitive radio scheme for smart grid communications [J]. Journal of Communications and Networks, 2012, 14 (6): 614-618.

[95] Kim, Y., Lee, E. Y., Cin, B. C., Kim, B. J. Technology licensing and the performance of firms in us information and communication technology industry: The case of licensees [J]. KSII Transactions on Internet and Information Systems, 2014, 8 (6): 2043-2055.

[96] Kishimoto, S., Muto, S. Fee versus royalty policy in licensing through bargaining: An application of the Nash bargaining solution [J]. Bulletin of Economic Research, 2012, 64 (2): 293-304.

[97] Kishimoto, S. The welfare effect of licensing of a cost-reducing technology through bargaining [R]. Working Paper, 2018.

[98] Klein, J. I. Cross-licensing and antitrust law [Z]. US Department of Justice, 1997.

[99] Koch, R. Licensing, popular practices and public spaces: An inquiry via the geographies of street food vending [J]. International Journal of Urban and Regional Research, 2015, 39 (6): 1231-1250.

[100] Kogan, K., Ozinci, Y., Perlman, Y. Containing piracy with product pricing, updating and protection investments [J]. International Journal of Production Economics, 2013, 144 (2): 468-478.

[101] Kulatilaka, N., Lin, L. Impact of licensing on investment and financing of technology development [J]. Management Science, 2006, 52 (12): 1824-1837.

[102] Kumar, P., Turnbull, S. M. Optimal patenting and licensing of financial innovations [J]. Management Science, 2008, 54 (12): 2012-2023.

[103] Leung, D. Y. C., Caramanna, G., Maroto-Valer, M. M. An overview of current status of carbon dioxide capture and storage technologies [J]. Renewable and Sustainable Energy Reviews, 2014, 39: 426-443.

[104] Leydesdorff, L., Schank, T., Scharnhorst, A., de Nooy, W. Animating the development of social networks over time using a dynamic extension of multidimensional scaling [J]. Profesional De La Informacion, 2008, 17 (6): 611-626.

[105] Li, C., Song, J. Technology licensing in a vertically differentiated duopoly [J]. Japan & the World Economy, 2009, 21 (2): 183-190.

[106] Li, C., Wang, J. Licensing a vertical product innovation [J]. Economic Record, 2010, 86 (275): 517-527.

[107] Lin, L. H., Kulatilaka N. Network effects and technology licensing with fixed fee royalty and hybrid contracts [J]. Journal of Management Information Systems, 2006, 23 (2): 91-118.

[108] Liu, G., Hu, J., Wang, H. A co-word analysis of digital library field in China [J]. Scientometrics, 2012, 91 (1): 203-217.

[109] Lu, L., Zhou, X., Onunkwo, U., Li, G. Y. Ten years of research in spectrum sensing and sharing in cognitive radio [J]. EURASIP Journal on Wireless Communications and Networking, 2012: 1-16.

[110] Macho-Stadler, I., Perez-Castrillo, D., Veugelers, R. Designing contracts for university spin-offs [J]. Journal of Economics & Management Strategy, 2008, 17 (1): 185-218.

[111] Martín, M. S., Saracho, A. I. Optimal two-part tariff licensing mecha-

nisms [J]. The Manchester School, 2015, 83 (3): 288-306.

[112] Martín, M. S., Saracho, A. I. Patent strength and optimal two-part tariff licensing with a potential rival incorporating ad valorem royalties [J]. Economics Letters, 2016, 143: 28-31.

[113] Martín, M. S., Saracho, A. I. Royalty licensing [J]. Economics Letters, 2010, 107 (2): 284-287.

[114] Melumad, N. D., Ziv, A. Reduced quality and an unlevel playing field could make consumers happier [J]. Management Science, 2004, 50 (12): 1646-1659.

[115] Meurer, M. J. Business method patents and patent floods [J]. SSRN Electronic Journal, 2002, 8 (1): 309-343.

[116] Monk, A. H. B. The emerging market for intellectual property: Drivers, restrainers, and implications [J]. Journal of Economic Geography, 2009, 9 (4): 469-491.

[117] Motta, M. Endogenous quality choice: Price vs. quantity competition [J]. The Journal of Industrial Economics, 1993, 41 (2): 113-131.

[118] Mukherjee, A., Balasubramanian N. Technology transfer in horizontally differentiated product market [J]. Research in Economics, 2001, 55 (3): 257-274.

[119] Mukherjee, A., Tsai, Y. Y. Does two-part tariff licensing agreement enhance both welfare and profit? [J]. Journal of Economics, 2015, 116: 63-76.

[120] Nagaoka, S., Kwon, H. U. The incidence of cross-licensing: A theory and new evidence on the firm and contract level determinants [J]. Research Policy, 2006, 35 (9): 1347-1361.

[121] Naimzada, A. K., Tramontana, F. Dynamic properties of a Cournot-Bertrand duopoly game with differentiated products [J]. Economic Modelling, 2012, 29 (4): 1436-1439.

[122] Nash, Jr. The bargaining problem [J]. The Econometric Society, 1950, 18 (2): 155-162.

[123] Nell, P. S. V., Lichtenthaler, U. The role of innovation intermediaries in the markets for technology [J]. International Journal of Technology Intelligence and Planning, 2011, 7 (2): 128-139.

[124] Nguyen, S. H., Chowdhury, G. Interpreting the knowledge map of digital library research (1990-2010) [J]. Journal of the American Society for Information Science and Technology, 2013, 64 (6): 1235-1258.

[125] Niu, S. The equivalence of profit-sharing licensing and per-unit royalty li-

censing [J]. Economic Modelling, 2013, 32 (1): 10-14.

[126] Oraiopoulos, N., Ferguson, M. E., Toktay, L. B. Relicensing as a se-condary market strategy [J]. Management Science, 2012, 58 (5): 1022-1037.

[127] Otte, E., Rousseau, R. Social network analysis: A powerful strategy, also for the information sciences [J]. Journal of Information Science, 2002, 28 (6): 441-453.

[128] Pastor, M., Sandon S, J. Research joint ventures vs. cross licensing agreements: An agency approach [J]. International Journal of Industrial Organization, 2002, 20 (2): 215-249.

[129] Peng, D. X., Lai, F. Using partial least squares in operations manage-ment research: A practical guideline and summary of past research [J]. Journal of Ope-rations Management, 2012, 30 (6): 467-480.

[130] Petsas, I., Giannikos, C. Process versus product innovation in multi-product firms [J]. International Journal of Business and Economics, 2005, 4 (3): 231-248.

[131] Poddar, S., Sinha, U. B. On patent licensing in spatial competition [J]. The Economic Record, 2004, 80 (2): 208-218.

[132] Radgen, P., Irons, R., Schoenmakers, H. Too early or too late for CCS-what needs to be done to overcome the valley of death for carbon capture and storage in Europe? [J]. Energy Procedia, 2013, 37: 6189-6201.

[133] Robinson, A. B., Tuli, K. R., Kohli, A. K. Does brand licensing in-crease a licensor's shareholder value? [J]. Management Science, 2015, 61 (6): 1436-1455.

[134] Rockett K. E. Choosing the competition and patent licensing [J]. The RAND Journal of Economics, 1990, 21 (1): 161-172.

[135] Sakakibara, M. An empirical analysis of pricing in patent licensing con-tracts [J]. Industrial & Corporate Change, 2010, 19 (3): 927-945.

[136] Savva, N., Taneri, N. The role of equity, royalty, and fixed fees in technology licensing to university spin-offs [J]. Management Science, 2015, 61 (6): 1323-1343.

[137] Sen, D., Tauman, Y. General licensing schemes for a cost-reducing in-novation [J]. Games & Economic Behavior, 2007, 59 (1): 163-186.

[138] Sen, D. On the coexistence of different licensing schemes [J]. Interna-tional Review of Economics & Finance, 2005, 14 (4): 393-413.

[139] Sen, N., Bhattacharya, S. Technology licensing between rival firms in presence of asymmetric information [J]. The B. E. Journal of Theoretical Economics,

2017, 17 (1): 1-35.

[140] Sen, N., Minocha, P., Dutta, A. Technology licensing and collusion [J/OL]. International Journal of Economics Theory, 2023, DOI: 10.1111/ijet. 12373.

[141] Shepard, A. Licensing to enhance demand for new technologies [J]. The RAND Journal of Economics, 1987, 18 (3): 360-368.

[142] Singh, N., Vives X. Price and quantity competition in a differentiated duopoly [J]. The RAND Journal of Economics, 1984, 15 (4): 546-554.

[143] Sodhi, M. S., Son, B., Tang, C. S. Researchers' perspectives on supply chain risk management [J]. Production and Operations Management, 2012, 21 (1): 1-13.

[144] Sun, S., Chen, N., Ran, T., Xiao, J., Tian, T. A Stackelberg game spectrum sharing scheme in cognitive radio-based heterogeneous wireless sensor networks [J]. Signal Processing, 2016, 126: 18-26.

[145] Symeonidis, G. Comparing Cournot and Bertrand equilibria in a differentiated duopoly with product R&D [J]. International Journal of Industrial Organization, 2003, 21 (1): 39-55.

[146] Teece, D. J. Profiting from technological innovation: Implications for integration, collaboration, licensing and public policy [J]. Research Policy, 1986, 15 (6): 285-305.

[147] Tombak, M. Market innovation the choice between discrimination and bargaining power [R]. Working Paper, University of Toronto, 2003.

[148] Truong, T., Ludwig, S., Mooi, E., Bove, L. The market value of rhetorical signals in technology licensing contracts [J]. Industrial Marketing Management, 2022, 105: 489-501.

[149] Tsao, K., Hu, J., Hwang, H., Lin, Y. More licensed technologies may make it worse: A welfare analysis of licensing vertically two-tier foreign technologies [J]. Journal of Economics, 2023, 139 (1): 71-88.

[150] Uyarra, E., Shapira, P., Harding, A. Low carbon innovation and enterprise growth in the UK: Challenges of a place-blind policy mix [J]. Technological Forecasting and Social Change, 2016, 103: 264-272.

[151] Wang, A. W. Rise of the patent intermediaries [J]. Berkeley Technology Law Journal, 2010, 25 (1): 159-200.

[152] Wang, K. C. A., Liang, W. J., Chou, P. S. Patent licensing under cost asymmetry among firms [J]. Economic Modelling, 2013 (31): 297-307.

[153] Wang, X. H., Yang, B. Z. On technology licensing in a Stackelberg duo-

poly [J]. Australian Economic Papers, 2004, 43 (4): 448-458.

[154] Wang, X. H. Fee versus royalty licensing in a Cournot duopoly model [J]. Economics Letters, 1998, 60 (1): 55-62.

[155] Wang, X. H. Fee versus royalty licensing in a differentiated Cournot duopoly [J]. Journal of Economics & Business, 2002, 54 (2): 253-266.

[156] White, H. D., McCain, K. W. Visualizing a discipline: An author co-citation analysis of information science, 1972-1995 [J]. Journal of the American Society for Information Science, 1998, 49 (4): 327-355.

[157] Xiao, L., Chen, G., Sun, J., Han, S., Zhang, C. Exploring the topic hierarchy of digital library research in China using keyword networks: A K-core decomposition approach [J]. Scientometrics, 2016, 108 (3): 1085-1101.

[158] Xiao, W., Xu, Y. The impact of royalty contract revision in a multistage strategic R&D alliance [J]. Management Science, 2012, 58 (12): 2251-2271.

[159] Xuan, N., Sgro, P., Nabin, M. Licensing under vertical product differentiation: Price vs. quantity competition [J]. Economic Modelling, 2014, 36 (1): 600-606.

[160] Zhang, H., Hong, X., Zhou, M. Optimal technology licensing contract with quality improvement innovation under Cournot competition [J]. Journal of Management Analytics, 2022, 9 (4): 496-513.

[161] Zhang, H. G., Wang, X. J., Hong, X. P., Lu, Q. Technology licensing in a network product market: Fixed-fee versus royalty licensing [J]. Economic Record, 2018, 94 (305): 168-185.

[162] Zhang, W., Zhang, Q., Yu, B., Zhao, L. Knowledge map of creativity research based on keywords network and co-word analysis, 1992-2011 [J]. Quality & Quantity, 2015, 49 (3): 1023-1038.

[163] Zhao, D., Chen, H., Hong, X., Liu, J. Technology licensing contracts with network effects [J]. International Journal of Production Economics, 2014, 158: 136-144.

[164] Zhao, D., Zhou, M., Gong, Y., Zhang, H., Hong, X. Bilateral models of cross-licensing for smart products [J]. IEEE Transactions on Engineering Management, 2024, 71: 58-75.

[165] Zhao, D. Choices and impacts of cross-licensing contracts [J]. International Review of Economics & Finance, 2017, 48: 389-405.

[166] Zhao, L., Zhang, Q. Mapping knowledge domains of Chinese digital library research output, 1994-2010 [J]. Scientometrics, 2011, 89 (1): 51-87.

[167] Zhao, Q., Sadler, B. M. A survey of dynamic spectrum access [J].

IEEE Signal Processing Magazine, 2007, 24 (3): 79-89.

[168] Zhu, K., Zhang, R. Q., Tsung, F. Pushing quality improvement along supply chains [J]. Management Science, 2007, 53 (3): 421-436.

[169] Özel, S. Ö., Pénin, J. Exclusive or open an economic analysis of university intellectual property patenting and licensing strategies [J]. Journal of Innovation Economics & Management, 2016, 3 (21): 133-153.

附录1　第四章有关命题的证明

命题 4-1 的证明

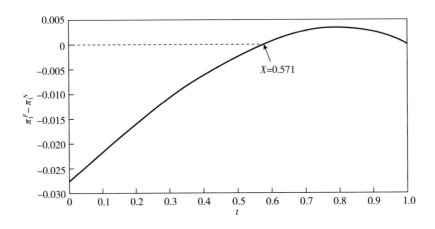

附图 1-1　t 的变化对 $\pi_1^F - \pi_1^N$ 的影响

如附图 1-1 所示，当且仅当许可后的利润大于没有许可即 $\pi_1^F > \pi_1^N$ 时，公司 1 将许可技术给企业 2，解决此问题后，可求出质量差异的范围是 $0.571 < t < 1$。

命题 4-3 的证明

如附图 1-2 所示，两部制许可模型 FV 的利润高于产量提成许可模型 N，因此，不管产品质量差异 t 取任何值，企业 1 将考虑两部制许可决策。

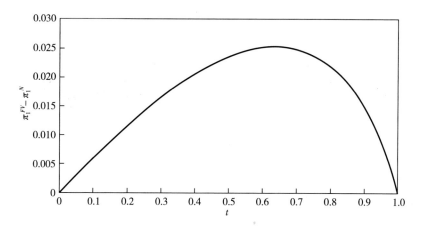

附图 1-2 t 的变化对 $\pi_1^{FV} - \pi_1^N$ 的影响

附录2　第五章有关命题的证明

命题5-1的证明：

附图2-1很直观地反映出了 π_1^F 和 π_1^{SNL} 的大小关系，其中，$\pi_1^F - \pi_1^{SNL} = \dfrac{1}{(3-2\beta)^2} + \dfrac{1}{(3-2\beta)^2} - \dfrac{\beta}{4} - \dfrac{1}{4}$。

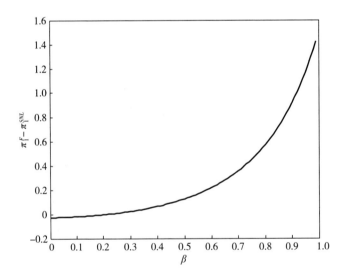

附图2-1　β 的变化对 π_1^F 和 π_1^{SNL} 大小关系的影响

由附图2-1可以得出，当 $\beta \geqslant 0.2192 \approx 0.22$ 时，$\pi_1^F - \pi_1^{SNL} \geqslant 0$。

此外，由上文中：$q_1^F + q_2^F \leqslant 1$ 可知，固定费许可需满足的条件为 $\beta \leqslant 0.5$。于是有当且仅当 $0.22 \leqslant \beta \leqslant 0.5$ 时，固定费许可才会发生。

且此时，企业1所能索取的最大固定费 F_1^* 受网络效应强度 β 的影响，它们之间的关系如附图2-2所示，且由附图2-2可以直观地看出 F_1^* 恒大于0。

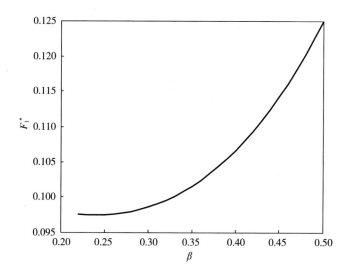

附图 2-2 β 的变化对 F_1^* 的影响

附录3 第七章有关命题的证明

命题7-2的证明

两企业均有参与许可的动机，只需保证行业利润增量为正即可。行业利润增量的表达式（7-27），可重写为 $E_B^{F_2}=[2(1-s)(4-3s)-(s^2-3s+4)c]c/[(1-s)(4-s)^2]$。事实上只需保证分子大于0即可。又因为 $c\in(0,2(1-s)/(2-s))$，因此只需使 $c_6^*=2(1-s)(4-3s)/(s^2-3s+4)$ 和临界值比较即可。又因为 $c_6^*-2(1-s)/(2-s)=(2s^2-7s+4)/[(2-s)(s^2-3s+4)]$，只需判定 $2s^2-7s+4$ 的符号即可。易证明，当 $s>(7-\sqrt{17})/4\approx0.7192$ 时，有 $2s^2-7s+4<0$，即 $c_6^*<2(1-s)/(2-s)$。这就意味着只有 $c<c_6^*$ 时，才有 $E_B^{F_2}>0$。而当 $s\leqslant0.7192$ 时，有 $2s^2-7s+4\geqslant0$，即 $c_6^*\geqslant2(1-s)/(2-s)$。这意味着对于任意的 $c\in(0,2(1-s)/(2-s))$，始终有 $E_B^{F_2}>0$。综上所述，可得到命题7-2的结论。

命题7-3的证明

在这种创新规模下，两企业均有参与许可的动机，同样只需保证行业利润增量为正即可。行业利润增量的表达式（7-34），可重写为 $E_B^{F_2}=h_3(1-c)/[(1-s)(4-s)^2]$。其中，$h_3(1-c)=(4-s)^2(1-c)^2-(4-s)^2s(1-c)+(4+s)(1-s)s$ 是关于 $1-c$ 在区间 $(s/2,s/(2-s)]$ 上开口向上的二次曲线。其判别式 $\Delta_2^*=(4-s)^2s(s^3-4s^2+28s-16)$。易证明，当 $s\leqslant0.6175$ 时，$\Delta_2^*\leqslant0$，始终有 $E_B^{F_2}>0$；当 $s>0.6175$ 时，$\Delta_2^*>0$，此二次曲线有两根。能够证明小根 $[s(4-s)-\sqrt{(s^3-4s^2+28s-16)s}]/[2(4-s)]<s/2$。若使 $E_B^{F_2}>0$，这就需要保证大根 $[s(4-s)+\sqrt{(s^3-4s^2+28s-16)s}]/[2(4-s)]<s/(2-s)$，否则 $E_B^{F_2}<0$ 始终成立。又因为大根小于 $s/(2-s)$ 互推 $2s^3-9s^2+11s-4<0$。又易得到当 $s<0.7192$ 时，$2s^3-9s^2+11s-4<0$ 成立，即大根小于 $s/(2-s)$。大根又大于 $s/2$，于是根据两根的位置和开口方向，得到当 $0.6175<s<0.7192$ 且 $[s(4-s)+\sqrt{(s^3-4s^2+28s-16)s}]/[2(4-s)]<1-c\leqslant s/(2-s)$ 时，$E_B^{F_2}>0$。综上所述，并进行一些调整，可得到命题7-3的结论。

命题 7-4 的证明

由行业利润增量的表达式（7-39）可得到 $E_B^{F_2}>0 \Leftrightarrow -s^3+4s^2-28s+16>0$。又对于任意的 $s \in (0, 1)$，易证明当 $s<0.6175$ 时，有 $-s^3+4s^2-28s+16>0$，进而 $E_B^{F_2}>0$。这就完成了命题 7-4 的证明。

命题 7-5 的证明

当企业 2 创新规模很小 $[\Delta c<2(1-s)/(2-s)]$ 时的情况。两企业均具有通过固定费许可的参与动机，则需保证行业利润增量 $E_B^{F_1F_2}>0$。由式（7-48）得到 $E_B^{F_1F_2}>0 \Leftrightarrow h_4(c)=-4(s^2-3s+4)c^2+8(1-s)(4-3s)c+(1-s)(5s^2-12s)>0$。其中 $h_4(c)$ 是关于 c 在区间 $(0, 2(1-s)/(2-s))$ 的二次曲线。易证明其判别式 $\Delta_3^*=16(1-s)(5s^4-63s^3+188s^2-208s+64)$ 在 $s \geqslant 0.4914$ 时小于等于零。又其开口向下，这就有 $\Delta_3^* \leqslant 0 \Leftrightarrow h_4(c) \leqslant 0$，进而 $E_B^{F_1F_2} \leqslant 0$。这就意味着只有 $s<0.4914$ 时，$E_B^{F_1F_2}$ 才可能大于零。

当 $s<0.4914$ 时，$\Delta_3^*>0$，函数 $h_4(c)$ 有两根。易证明小根 $0<c_8^*=[8(1-s)(4-3s)-\sqrt{\Delta_3^*}]/[8(s^2-3s+4)]<2(1-s)/(2-s)$。而对于另一根 c_9^*，若 $c_9^*=[8(1-s)(4-3s)+\sqrt{\Delta_3^*}]/[8(s^2-3s+4)]<2(1-s)/(2-s) \Leftrightarrow h_5(s)<0$。其中 $h_5(s)=5s^6-79s^5+424s^4-116s^3+1584s^2-1088s+256$。通过仿真作图，易证明当 $s>0.4573$ 时，$h_5(s)<0$，有 $c_9^*<2(1-s)/(2-s)$；否则，$c_9^* \geqslant 2(1-s)/(2-s)$。

综上所述，当 $0.4573<s<0.4914$ 时，两根均在区间 $(0, 2(1-s)/(2-s))$ 内，又根据曲线开口方向，可得到，只有 $c_8^*<c<c_9^*$ 时，$h_4(c)>0$，进而 $E_B^{F_1F_2}>0$；而当 $s \leqslant 0.4573$ 时，小根在区间内，而大根在区间之外，于是得到当 $c>c_8^*$ 时，$h_4(c)>0$，从而 $E_B^{F_1F_2}>0$。这就完成了命题 7-5 第一部分的证明。

当企业 2 进行较大程度的非显著性创新（如 $2(1-s)/(2-s) \leqslant \Delta c<(2-s)/2$）或显著性创新 $[$ 如 $\Delta c \geqslant (2-s)/2]$ 时，由式（7-52）和式（7-56），均易证明 $E_B^{F_1F_2}>0$ 恒成立。这就意味着在这两种情况下，两企业总是具有通过固定费交叉许可其技术的参与动机。这就证明了命题 7-5 的第二部分的证明。

定理 7-1 的证明

根据命题 7-1~命题 7-5，在企业 1 单向许可、企业 2 单向许可以及企业 1 和企业 2 交叉许可共存的情况下，如式（7-60）、式（7-61）和式（7-62）所示，$E_B^{F_1F_2}-E_B^{F_1}=\dfrac{1}{4}-c(1-c)=\dfrac{1}{4}(2c-1)^2 \geqslant 0$，$E_B^{F_1F_2}-E_B^{F_2}=1/4-(4+s)(1-s)/(4-s)^2=(5s+4)s/[4(4-s)^2]>0$。这说明交叉许可下的行业利润增量最大，进而保证

了企业 1 和企业 2 在交叉许可下所得到的激励也最大。而这就得到了定理 7-1。

定理 7-2 的证明

由交叉许可在两种竞争模式下发生的条件，易证这两种模式下的比较发生在以下区域：

1. $\Delta s = 1-s < \dfrac{1}{3}$

（1） $c < \dfrac{2(1-s)}{2-s}$。

$$\pi_{1B}^{F_1 F_2} - \pi_{1C}^{F_1 F_2} = \alpha(E_B^{F_1 F_2} - \pi_C^{F_1 F_2}) + \frac{[2(1-s)-(2-s)c]^2}{(1-s)(4-s)^2} - \frac{(2-s-2c)^2}{(4-s)^2}$$

而 $\dfrac{[2(1-s)-(2-s)c]^2}{(1-s)(4-s)^2} - \dfrac{(2-s-2c)^2}{(4-s)^2} = \dfrac{[c^2-(1-s)]s^2}{(1-s)(4-s)^2} < 0$ 因为 $1-s > \left[\dfrac{2(1-s)}{2-s}\right]^2$ 对于任意的 $s \in (0,1)$。

而 $E_B^{F_1 F_2} - E_C^{F_1 F_2} = \dfrac{m_2}{36(1-s)(4-s)^2}$，其中，$m_2 = -(37s^2-16s+16)c^2 + 16(1-s)(2-s)c + (1-s)(34s^2+8s)$ 是关于 c 的二次曲线且开口向下。又根据其判别式 $\Delta_2 = 16^2(1-s)^2(2-s)^2 + 4(37s^2-16s+16)(1-s)(34s^2+8s) > 0$，易证其小根 $\dfrac{16(1-s)(2-s)-\sqrt{\Delta_2}}{2(37s^2-16s+16)} < 0$，大根大于 0，但其大小还需与临界值 $\dfrac{2(1-s)}{2-s}$ 进行比较。

易证明大根 $\dfrac{16(1-s)(2-s)+\sqrt{\Delta_2}}{2(37s^2-16s+16)} > \dfrac{2(1-s)}{2-s}$ 成立。于是根据其两根的分布可得到 $m_2 > 0$ 恒成立。这就意味着对于任意的 $c < \dfrac{2(1-s)}{2-s}$，始终有 $E_B^{F_1 F_2} - E_C^{F_1 F_2} > 0$ 成立。

令 $\alpha_1^* = \dfrac{36(1-s)(2-s-2c)^2 - 36[2(1-s)-(2-s)c]^2}{(1-s)(4-s)^2 - 36[2(1-s)-(2-s)c]^2 - 36s(1-s+c)^2 + 36(1-s)(2-s-2c)^2 + 36(1-s)s(1+c)^2}$，若 $\alpha_1^* < 1 \Rightarrow m_3 = -36s^2(1+c)^2 + 72s^2(1+c) + (1-s)(4-s)^2 - 36s^3 > 0$。

m_3 是关于 $1+c$ 在区间 $\left(1, \dfrac{4-3s}{2-s}\right)$ 上开口向下的两次曲线，且其判别式 $144s^2(1-s)(37s^2-8s+16) > 0$。易证明其小根 $\dfrac{6s-\sqrt{(1-s)(37s^2-8s+16)}}{6s} < 1$。而若大根 $\dfrac{6s+\sqrt{(1-s)(37s^2-8s+16)}}{6s} < \dfrac{4-3s}{2-s} \Leftrightarrow 37s^4 - 12s^3 + 52s^2 - 96s + 64 < 0$。然而对于任意的 $s \in (0,$

$1)$，有 $37s^4 - 12s^3 + 52s^2 - 96s + 64 > 0$ 恒成立，即大根 $\dfrac{6s+\sqrt{(1-s)(37s^2-8s+16)}}{6s} > \dfrac{4-3s}{2-s}$。

于是由两根位置和开口方向，可得到 $m_3>0$ 恒成立，即 $0<\alpha_1^*<1$ 恒成立。

又 $\pi_{1B}^{F_1F_2}-\pi_{1C}^{F_1F_2}=(E_B^{F_1F_2}-\pi_C^{F_1F_2})(\alpha-\alpha_1^*)$

于是得到：当 $\alpha>\alpha_1^*$ 时，有 $\pi_{1B}^{F_1F_2}>\pi_{1C}^{F_1F_2}$；当 $\alpha=\alpha_1^*$ 时，有 $\pi_{1B}^{F_1F_2}=\pi_{1C}^{F_1F_2}$；当 $\alpha<\alpha_1^*$ 时，有 $\pi_{1B}^{F_1F_2}<\pi_{1C}^{F_1F_2}$。

而 $\pi_{2B}^{F_1F_2}-\pi_{2C}^{F_1F_2}=(1-\alpha)(E_B^{F_1F_2}-\pi_C^{F_1F_2})+\dfrac{s(1-s+c)^2}{(1-s)(4-s)^2}-\dfrac{s(1+c)^2}{(4-s)^2}$。

其中，$\dfrac{s(1-s+c)^2}{(1-s)(4-s)^2}-\dfrac{s(1+c)^2}{(4-s)^2}=\dfrac{s^2\left[(1+c)^2-2(1+c)+s\right]}{(1-s)(4-s)^2}$。而 $(1+c)^2-2(1+c)+s$

是关于 $1+c$ 在区间 $\left(1,\dfrac{4-3s}{2-s}\right)$ 上开口向上的两次曲线，且有小根 $1-\sqrt{1-s}<1$，大根 $1+\sqrt{1-s}>\dfrac{4-3s}{2-s}\Leftrightarrow\sqrt{1-s}>\dfrac{2(1-s)}{2-s}$，又 $\sqrt{1-s}>\dfrac{2(1-s)}{2-s}$ 恒成立，对于任意的 $s\in(0,$ $1)$。于是根据两根的位置以及开口方向，可知 $(1+c)^2-2(1+c)+s<0$，因此 $\dfrac{s(1-s+c)^2}{(1-s)(4-s)^2}-\dfrac{s(1+c)^2}{(4-s)^2}<0$。又因为 $E_B^{F_1F_2}-E_C^{F_1F_2}>0$ 成立，因此不妨令 $1-\alpha_2^*=$

$$\dfrac{-36s(1-s+c)^2+36(1-s)s(1+c)^2}{(1-s)(4-s)^2-36\left[2(1-s)-(2-s)c\right]^2-36s(1-s+c)^2+36(1-s)(2-s-2c)^2+36(1-s)s(1+c)^2},$$

若 $1-\alpha_2^*<1\Rightarrow-36s^2c^2+(1-s)(16-8s+37s^2)>0$。若使 $1-\alpha_2^*<1$ 成立，需满足 $c^2<$ $\dfrac{(1-s)(16-8s+37s^2)}{36s^2}$。又因为 $c^2<\dfrac{4(1-s)^2}{(2-s)^2}$。而 $\dfrac{4(1-s)^2}{(2-s)^2}-\dfrac{(1-s)(16-8s+37s^2)}{36s^2}=$ $\dfrac{(1-s)(-64+96s-52s^2+12s^3-37s^4)}{36s^2(2-s)^2}<0$ 对于任意的 $s\in\left(\dfrac{2}{3},1\right)$（可通过仿真作图验证

得到）。因此 $c^2<\dfrac{(1-s)(16-8s+37s^2)}{36s^2}$ 恒成立，这就意味着 $1-\alpha_2^*<1$。又 $\pi_{2B}^{F_1F_2}-$ $\pi_{2C}^{F_1F_2}=(E_B^{F_1F_2}-\pi_C^{F_1F_2})(\alpha_2^*-\alpha)$，于是有 $\alpha<\alpha_2^*$ 时，$\pi_{2B}^{F_1F_2}>\pi_{2C}^{F_1F_2}$；当 $\alpha=\alpha_2^*$ 时，$\pi_{2B}^{F_1F_2}=\pi_{2C}^{F_1F_2}$；当 $\alpha>\alpha_2^*$ 时，$\pi_{2B}^{F_1F_2}<\pi_{2C}^{F_1F_2}$。

（2）$\dfrac{2(1-s)}{2-s}\leqslant c<0.5$。

此时 $\pi_{1B}^{F_1F_2}-\pi_{1C}^{F_1F_2}=\alpha(E_B^{F_1F_2}-\pi_C^{F_1F_2})-\dfrac{(2-s-2c)^2}{(4-s)^2}$

而 $E_B^{F_1F_2}-E_C^{F_1F_2}=\dfrac{m_4}{36s(4-s)^2}$，其中 $m_4=72(s^2-2s+8)(1-c)^2-36(s^3+16s)(1-$

$c)+37s^3+136s^2+16s$ 是关于 $1-c$ 在区间 $0.5<1-c\leq\dfrac{s}{2-s}$ 上的二次曲线且开口向上。

其判别式为 $144s(9s^5-74s^4+164s^3-80s^2+192s-256)<0$，对于任意的 $s\in(0,1)$。

故 $m_4>0$ 恒成立，这就意味着 $E_B^{F_1F_2}-E_C^{F_1F_2}>0$。

令 $\alpha_3^*=\dfrac{(2-s-2c)^2}{(E_B^{F_1F_2}-\pi_C^{F_1F_2})(4-s)^2}$，故 $\pi_{1B}^{F_1F_2}-\pi_{1C}^{F_1F_2}=(E_B^{F_1F_2}-\pi_C^{F_1F_2})(\alpha-\alpha_3^*)$。接下来判断

临界讨价还价能力的大小。由于 $\alpha_3^*<1\Leftrightarrow\dfrac{s(4-s)^2-36(1-c)(c+s-1)(4-s)^2+36(1+c)^2s^2}{36s(4-s)^2}>$

0。而 $m_5=s(4-s)^2-36(1-c)(c+s-1)(4-s)^2+36(1+c)^2s^2=36(2s^2-8s+16)(1-$

$c)^2-36s(s^2-4s+16)(1-c)+(s^3+136s^2+16s)$。

m_5 是关于 $1-c$ 在区间 $0.5<1-c\leq\dfrac{s}{2-s}$ 上开口向上的二次曲线。又其判别式

$144s(9s^5-74s^4+168s^3-112s^2+256s-256)<0$，因此 $m_5>0$ 成立，即有 $0<\alpha_3^*<1$。于

是我们得到当 $\alpha>\alpha_3^*$ 时，有 $\pi_{1B}^{F_1F_2}>\pi_{1C}^{F_1F_2}$；当 $\alpha=\alpha_3^*$ 时，有 $\pi_{1B}^{F_1F_2}=\pi_{1C}^{F_1F_2}$；当 $\alpha<\alpha_3^*$

时，有 $\pi_{1B}^{F_1F_2}<\pi_{1C}^{F_1F_2}$。

接下来我们看企业 2 在不同竞争模式下的利润情况。

$$\pi_{2B}^{F_1F_2}-\pi_{2C}^{F_1F_2}=(1-\alpha)(E_B^{F_1F_2}-\pi_C^{F_1F_2})+\dfrac{(1-c)(c+s-1)}{s}-\dfrac{s(1+c)^2}{(4-s)^2}。$$

因为 $\dfrac{(1-c)(c+s-1)}{s}-\dfrac{s(1+c)^2}{(4-s)^2}=\dfrac{m_6}{s(4-s)^2}$，其中 $m_6=-(2s^2-8s+16)(1-c)^2+$

$(s^3-4s^2+16s)(1-c)-4s^2$，是关于 $1-c$ 在区间 $\left(0.5,\dfrac{s}{2-s}\right]$ 上开口向下的二次曲线。

其判别式 $s^4(4-s)^2>0$，有小根 $s/2<0.5$，而大根 $\dfrac{4s}{s^2-4s+8}<\dfrac{s}{2-s}$。现在只需判断大根

与下限 0.5 之间的大小，以确定最终大根的位置。

因为 $\dfrac{4s}{s^2-4s+8}-0.5=\dfrac{-(s^2-12s+8)}{2(s^2-4s+8)}$，对于任意的 $s\in\left(\dfrac{2}{3},1\right)$，易证明当

$0.6667<s\leq0.7085$ 时，有 $s^2-12s+8\geq0$，这时 $\dfrac{4s}{s^2-4s+8}\leq0.5$；当 $0.7085<s<1$ 时，

有 $s^2-12s+8<0$，这时 $\dfrac{4s}{s^2-4s+8}>0.5$。

综上所述，当 $0.6667<s\leq0.7085$ 时，有 $m_6<0$，即 $\dfrac{(1-c)(c+s-1)}{s}-\dfrac{s(1+c)^2}{(4-s)^2}<$

0。当 $0.7085<s<1$ 时，若 $0.5<1-c\leqslant\dfrac{4s}{s^2-4s+8}$，即 $\dfrac{s^2-8s+8}{s^2-4s+8}\leqslant c<0.5$，有 $m_6\geqslant0$，即

$\dfrac{(1-c)(c+s-1)}{s}-\dfrac{s(1+c)^2}{(4-s)^2}\geqslant0$；若 $\dfrac{4s}{s^2-4s+8}<1-c<\dfrac{s}{2-s}$，即 $\dfrac{2(1-s)}{2-s}\leqslant c<\dfrac{s^2-8s+8}{s^2-4s+8}$，有

$m_6<0$，即 $\dfrac{(1-c)(c+s-1)}{s}-\dfrac{s(1+c)^2}{(4-s)^2}<0$。

因此当 $0.7085<s<1$ 且 $\dfrac{s^2-8s+8}{s^2-4s+8}\leqslant c<0.5$ 时，有 $\pi_{2B}^{F_1F_2}>\pi_{2C}^{F_1F_2}$ 恒成立。

而对于 $0.6667<s\leqslant0.7085$ 或 $0.7085<s<1$ 且 $\dfrac{2(1-s)}{2-s}\leqslant c<\dfrac{s^2-8s+8}{s^2-4s+8}$ 时，$\pi_{2B}^{F_1F_2}-$

$\pi_{2C}^{F_1F_2}$ 的大小由企业 1 的议价能力决定。

不妨令 $1-\alpha_4^*=\dfrac{s^2(1+c)^2-(4-s)^2(1-c)(c+s-1)}{(E_B^{F_1F_2}-\pi_C^{F_1F_2})s(4-s)^2}$，若 $1-\alpha_4^*<1\Leftrightarrow\dfrac{1}{36}+$

$\dfrac{(2-s-2c)^2}{(4-s)^2}>0$，而 $\dfrac{1}{36}+\dfrac{(2-s-2c)^2}{(4-s)^2}>0$ 对于任意的 s、c。又 $E_B^{F_1F_2}-E_C^{F_1F_2}>0$，而此时

$\pi_{2B}^{F_1F_2}-\pi_{2C}^{F_1F_2}=(E_B^{F_1F_2}-\pi_C^{F_1F_2})(\alpha_4^*-\alpha)$，于是有 $\alpha<\alpha_4^*$ 时，$\pi_{2B}^{F_1F_2}>\pi_{2C}^{F_1F_2}$；当 $\alpha=\alpha_4^*$ 时，

$\pi_{2B}^{F_1F_2}=\pi_{2C}^{F_1F_2}$；当 $\alpha>\alpha_4^*$ 时，$\pi_{2B}^{F_1F_2}<\pi_{2C}^{F_1F_2}$。

2. $\Delta s=1-s\geqslant\dfrac{1}{3}\left[$因为 $\dfrac{2(1-s)}{2-s}\geqslant0.5\right]$

在这种限制条件下，只存在 $c<0.5$ 这种情况。与 $s>\dfrac{2}{3}$ 且 $c<\dfrac{2(1-s)}{2-s}$ 下的情况

类似，都有 $\pi_{1B}^{F_1F_2}-\pi_{1C}^{F_1F_2}=\alpha(E_B^{F_1F_2}-\pi_C^{F_1F_2})+\dfrac{[2(1-s)-(2-s)c]^2}{(1-s)(4-s)^2}-\dfrac{(2-s-2c)^2}{(4-s)^2}$。而

$\dfrac{[2(1-s)-(2-s)c]^2}{(1-s)(4-s)^2}-\dfrac{(2-s-2c)^2}{(4-s)^2}=\dfrac{[c^2-(1-s)]s^2}{(1-s)(4-s)^2}<0$ 因为 $1-s>\left[\dfrac{2(1-s)}{2-s}\right]^2>0.5^2>c^2$

对于任意的 $s\in(0,1)$。也同样有 $E_B^{F_1F_2}-E_C^{F_1F_2}>0$ 成立。

令 $\alpha_1^*=\dfrac{36(1-s)(2-s-2c)^2-36[2(1-s)-(2-s)c]^2}{(1-s)(4-s)^2-36[2(1-s)-(2-s)c]^2-36s(1-s+c)+36(1-s)(2-s-2c)^2+36(1-s)s(1+c)^2}$

若 $\alpha_1^*<1\Rightarrow m_3=-36s^2(1+c)^2+72s^2(1+c)+(1-s)(4-s)^2-36s^3>0$。

m_3 是关于 $1+c$ 在区间 $\left(1,\dfrac{3}{2}\right)$ 上开口向下的两次曲线，且其判别式 $144s^2(1-$

$s)(37s^2-8s+16)>0$。易证明其小根 $\dfrac{6s-\sqrt{(1-s)(37s^2-8s+16)}}{6s}<1$。而若大根

$\dfrac{6s+\sqrt{(1-s)(37s^2-8s+16)}}{6s}<\dfrac{3}{2}\Leftrightarrow-37s^3+36s^2-24s+16<0$。然而对于任意的 $s\in$

$\left(0,\dfrac{2}{3}\right]$，有 $-37s^3+36s^2-24s+16>0$ 恒成立，即大根 $\dfrac{6s+\sqrt{(1-s)(37s^2-8s+16)}}{6s}>$

$\dfrac{3}{2}$。于是由两根位置和开口方向，可得到 $m_3>0$ 恒成立，即 $0<\alpha_1^*<1$ 恒成立。

又 $\pi_{1B}^{F_1F_2}-\pi_{1C}^{F_1F_2}=(E_B^{F_1F_2}-\pi_C^{F_1F_2})(\alpha-\alpha_1^*)$

于是得到：当 $\alpha>\alpha_1^*$ 时，有 $\pi_{1B}^{F_1F_2}>\pi_{1C}^{F_1F_2}$；当 $\alpha=\alpha_1^*$ 时，有 $\pi_{1B}^{F_1F_2}=\pi_{1C}^{F_1F_2}$；当 $\alpha<\alpha_1^*$ 时，有 $\pi_{1B}^{F_1F_2}<\pi_{1C}^{F_1F_2}$。

而 $\pi_{2B}^{F_1F_2}-\pi_{2C}^{F_1F_2}=(1-\alpha)(E_B^{F_1F_2}-\pi_C^{F_1F_2})+\dfrac{s(1-s+c)^2}{(1-s)(4-s)^2}-\dfrac{s(1+c)^2}{(4-s)^2}$。

其中，$\dfrac{s(1-s+c)^2}{(1-s)(4-s)^2}-\dfrac{s(1+c)^2}{(4-s)^2}=\dfrac{s^2[(1+c)^2-2(1+c)+s]}{(1-s)(4-s)^2}$。而 $(1+c)^2-2(1+c)+s$

是关于 $1+c$ 在区间 $\left(1,\dfrac{3}{2}\right)$ 上开口向上的二次曲线，且有小根 $1-\sqrt{1-s}<1$，大根

$1+\sqrt{1-s}>\dfrac{3}{2}\Leftrightarrow\sqrt{1-s}>0.5$，又 $\sqrt{1-s}>\dfrac{2(1-s)}{2-s}>0.5$ 恒成立，对于任意的 $s\in(0,$

$1)$。于是根据两根的位置以及开口方向，可知 $(1+c)^2-2(1+c)+s<0$，因此

$\dfrac{s(1-s+c)^2}{(1-s)(4-s)^2}-\dfrac{s(1+c)^2}{(4-s)^2}<0$。又因为 $E_B^{F_1F_2}-E_C^{F_1F_2}>0$ 成立，因此不妨令 $1-\alpha_2^*=$

$\dfrac{-36s(1-s+c)^2+36(1-s)s(1+c)^2}{(1-s)(4-s)^2-36[2(1-s)-(2-s)c]^2-36s(1-s+c)^2+36(1-s)(2-s-2c)^2+36(1-s)s(1+c)^2}$，

若 $1-\alpha_2^*<1\Rightarrow-36s^2c^2+(1-s)(16-8s+37s^2)>0$。即，若使 $1-\alpha_2^*<1$ 成立，需满足

$c^2<\dfrac{(1-s)(16-8s+37s^2)}{36s^2}$。又因为 $c^2<\dfrac{1}{4}$。而 $\dfrac{(1-s)(16-8s+37s^2)}{36s^2}-\dfrac{1}{4}=$

$\dfrac{16-24s+36s^2-37s^3}{36s^2}>0$，对于任意的 $s\in\left(0,\dfrac{2}{3}\right]$。因此对于任意的当 $c^2<\dfrac{1}{4}$ 时，始

终有 $1-\alpha_2^*<1$。又 $\pi_{2B}^{F_1F_2}-\pi_{2C}^{F_1F_2}=(E_B^{F_1F_2}-\pi_C^{F_1F_2})(\alpha_2^*-\alpha)$，于是有 $\alpha<\alpha_2^*$ 时，$\pi_{2B}^{F_1F_2}>$ $\pi_{2C}^{F_1F_2}$；当 $\alpha=\alpha_2^*$ 时，$\pi_{2B}^{F_1F_2}=\pi_{2C}^{F_1F_2}$；当 $\alpha>\alpha_2^*$ 时，$\pi_{2B}^{F_1F_2}<\pi_{2C}^{F_1F_2}$。

结合定理 7-1，可知在 $\Delta s\geq0.4286$ 的情况下，两企业才有通过固定费交叉许可的激励。这就意味着上述情况中只有 $\Delta s\geq\dfrac{1}{3}$ 下所得到的结论才可能成立。于是得到 $\alpha<\text{Min}\{\alpha_1^*,\alpha_2^*\}$ 时，有 $\pi_{1B}^{F_1F_2}<\pi_{1C}^{F_1F_2}$，$\pi_{2B}^{F_1F_2}>\pi_{2C}^{F_1F_2}$；当

$\alpha > \mathrm{Max}\{\alpha_1^*,\ \alpha_2^*\}$ 时，有 $\pi_{1B}^{F_1F_2} > \pi_{1C}^{F_1F_2}$，$\pi_{2B}^{F_1F_2} < \pi_{2C}^{F_1F_2}$；当 $\mathrm{Min}\{\alpha_1^*,\ \alpha_2^*\} < \alpha <$ $\mathrm{Max}\{\alpha_1^*,\ \alpha_2^*\}$ 时，$\mathrm{sign}\{\pi_{1B}^{F_1F_2} - \pi_{1C}^{F_1F_2}\} = \mathrm{sign}\{\pi_{2B}^{F_1F_2} - \pi_{2C}^{F_1F_2}\}$。又因为 $\alpha_2^* =$

$$\frac{(1-s)(4-s)^2 + 36(1-s)(2-s-2c)^2 - 36[2(1-s)-(2-s)c]^2}{(1-s)(4-s)^2 - 36[2(1-s)-(2-s)c]^2 - 36s(1-s+c)^2 + 36(1-s)(2-s-2c)^2 + 36(1-s)s(1+c)^2},$$

易证明 $\alpha_1^* < \alpha_2^*$。因此代入以上结论，并结合定理 7-1 和 Zhao（2017）的结论，两企业进行固定费交叉许可发生的条件可得到定理 7-2 的结论。

附录4 第八章有关命题的证明

命题 8-1 的证明

欲使固定费许可发生，需满足 $F_1^* > 0$，$\Delta\pi_1 = \pi_1^F - \pi_1^{NL} \geq 0$，$\Delta\pi_2 = \pi_2^F - \pi_2^{NL} \geq 0$。$\Delta\pi_1 \geq 0$，$\Delta\pi_2 \geq 0 \Leftrightarrow \Delta\pi_1 + \Delta\pi_2 = \Delta\pi^F \geq 0$。如附图4-1和附图4-2所示。

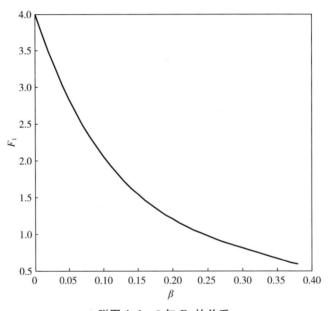

附图4-1 β 与 F_1 的关系

命题 8-2 的证明

只有当企业1愿意许可且企业2愿意接受许可时，产量提成许可才会发生。产量提成许可下企业2总会愿意接受许可，因此，为了得到产量提成许可发生的条件，我们只需对企业1许可前后的利润进行比较即可。只有满足 $\pi_1^R \geq \pi_1^{NL}$ 时，产量提成许可才会发生，由附图4-3可直观地看出，当 $\beta \leq 0.4537 \approx 0.45$ 时，$\pi_1^R \geq \pi_1^{NL}$。因此，当且仅当 $\beta \leq 0.4537 \approx 0.45$ 时，产量提成许可发生。

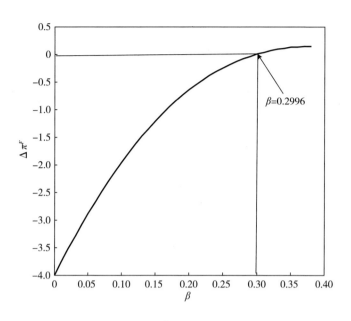

附图 4-2　$\Delta \pi^F \geqslant 0$ 时 β 值的确定

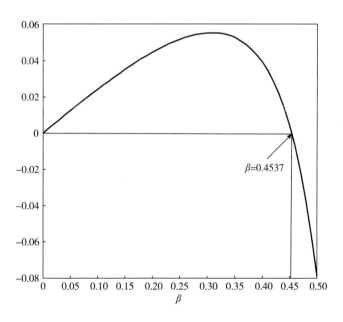

附图 4-3　β 的变化对 $\pi_1^R - \pi_1^{NL}$ 的影响

命题 8-3 的证明

两部制许可下，易证，因此两部制许可优于不许可。最优的固定费 F 与网络强度 β 的关系可由附图 4-4 直观看出。

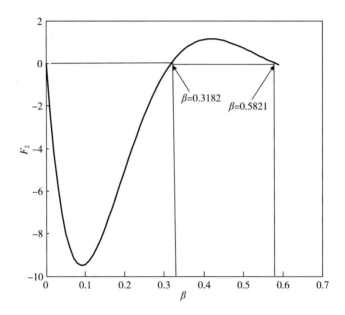

附图 4-4　两部制许可下 β 的变化对 F_2 的影响